ロールシャッハ・テスト解釈法

高橋雅春・高橋依子・西尾博行
著

Ψ
金剛出版

まえがき

　先にわれわれは「ロールシャッハ・テスト実施法」において，ロールシャッハ・テストの研究者や，このテストを用いる心理臨床家にとって，今日，共通言語となりつつある包括システムを，わが国の被検者に実施し，コード化し，構造一覧表を作成するまでの過程を明らかにした。本書は，この結果を基にしてパーソナリティを理解するための解釈法を述べたものである。

　ロールシャッハ・テストは，同じインクブロットを用いることを除き，テスト結果の解釈にも一定の方法は存在しない。しかし，重点の置き方に違いが見られるものの，かつてクロッパー（Klopfer, B.）がロールシャッハ・テストの解釈を，量的分析と系列分析（クロッパーはここにいわゆる内容分析も含めている）の統合にあると述べたように，このテストの解釈は，量的アプローチ（構造分析）と系列分析と内容分析という質的アプローチの統合によって行われている。実際の解釈過程では，両者を明確に区別できないし，対比すべきものでもないが，多くの心理臨床家は量的アプローチによって解釈を始め，被検者のパーソナリティの大枠を理解し，質的アプローチによって被検者のパーソナリティをより緻密に理解していくといえる。

　この量的アプローチに重点をおく構造分析が，サイエンス的なアプローチとすれば，系列分析と内容分析は，よりアート的なアプローチであるといえる。エクスナー（Exner, J.）に始まる包括システムもサイエンス的アプローチとアート的アプローチを統合して，ロールシャッハ・テストの結果を解釈する点では，これまでの解釈法と違いはない。包括システムが他の解釈法と異なるのは，実証的数値による量的アプローチによる構造分析を行うことと，実証的根拠に基づいた一定の解釈順序に従い，段階（ステップ）をおって解釈仮説を立て統合していく点である。これまでロールシャッハ・テストの解釈には，多くの臨床経験や，特定のパーソナリティ理論の習得が必要であり，その解釈は容易でないと考えられがちであった。しかし包括システムの客観的な数値に基づく構造分析から始め，段階をおって解釈を進める方法によれば，ロールシャッハ・テストに習熟していない心理臨床家でも，このテストが提供する重要な情報を見落とすことがなく，臨床面で必要な最小限の解釈が可能となる。さらに心理

臨床家が経験を積むにつれ，このサイエンス的アプローチの基盤に立ちながら，アート的アプローチを行うことで，クライエントについて，多面的な，より多くの，より深い情報を得ることが可能となる。

つまり包括システムの解釈は，実証的基盤に基づく7つのクラスターに属する変数を中心に，一定の順序で段階（ステップ）をおいて変数を検討していくので，一定の水準までの解釈は客観的・容易に行える特徴がある。系統的解釈によることで，ロールシャッハ・テストの初学者であっても，解釈に重要な情報（変数）を見落とすことなく，「クライエントがどのように世界を知覚し，どのように思考しているか，他者といかに関係しようとし，自己をどのように眺め，いかに感情を調節し，ストレスを統制し，課題に対処していくか」というパーソナリティ全体の特徴を理解できるし，そこにいたる解釈過程や結果を共有できる長所がある。

ところで包括システムの解釈仮説をわが国の被検者に適用する時，最も問題となるのは，構造分析において解釈の基準となるアメリカの健常成人の数値である。例えば「自己中心性指標が平均値を越えることは」「ラムダの値が1.0以上の出現率は」「材質反応が0であるなら」などの記述を読む時，文化を異にするわが国の被検者に，アメリカの健常成人の数値をそのまま適用できるのだろうかという疑問が生じる。わが国におけるこれまでの研究でも，平凡反応，反応領域の用い方，形態水準，反応内容など，さまざまな点で日米間の反応には文化による差違が見出されている。これらの点を配慮し，包括システムによるロールシャッハ・テストの結果として，わが国の健常成人が示す変数の数値を明らかにしながら，変数の意味を述べることで，臨床場面におけるこのテストの解釈を有効なものにすることが本書の目的である。

本書で解釈の基準とした数値は，われわれが実施したわが国の健常成人400人のプロトコル（記録）に基づく資料によっている。また別に，われわれが実施した統合失調症者220人のプロトコルに基づく資料も適宜参考にした。これらのプロトコルは「ロールシャッハ・テスト実施法」の基準に従って実施したプロトコルを，われわれ3人が別個にコードし，合致しない場合は3人で討議して決定したコードによっている。

なお包括システムの解釈においては，従来いわれている内容分析や系列分析もクラスター内のステップ解釈に含まれるが，参考のために別に章を設け，また最後の章に，包括システムのステップ解釈による事例をあげた。

本書の出版にあたり，金剛出版社長田中春夫氏と編集部の立石正信氏に，今回もいろいろとお世話になったことに心から感謝したい。

2007年3月3日　高橋雅春

ロールシャッハ・テスト解釈法＊目次

まえがき …………………………………………………………………3

第1章　ロールシャッハ・テストの解釈 ……………………………13

1．ロールシャッハ・テストの解釈………………………………13
2．包括システムのステップ解釈 ………………………………15
3．本書の基礎資料 ………………………………………………21
4．ステップ解釈の開始……………………………………………28
5．S-CON（自殺の可能性指標） ………………………………31

第2章　感　情 ………………………………………………………33

1．DEPI（抑うつ指標）とCDI（対処力不全指標） …………33
2．EB（体験型）とL（ラムダ） ………………………………35
3．EBPer（体験型固定度）………………………………………41
4．eb（基礎体験）の右辺 ………………………………………43
5．SumC'：WSumC ………………………………………………47
6．Afr（感情比率）………………………………………………48
7．Intellectualization Index（知性化指標）……………………48
8．CP（色彩投影）………………………………………………50
9．FC：CF+C
　　（形態色彩反応：色彩形態反応＋純粋色彩反応）………51
10．Sum Color（全色彩反応）……………………………………52
11．S（空白反応）…………………………………………………54
12．Blends（ブレンド）……………………………………………56

第3章　統制とストレス耐性 ………………………………………59

1．AdjD（修正Dスコア）とCDI（対処力不全指標）………59
2．EA（現実体験）………………………………………………61
3．EB（体験型）とL（ラムダ） ………………………………62
4．es（刺激体験）とAdjes（修正刺激体験）………………63
5．eb（基礎体験）………………………………………………63

第4章　状況関連ストレス …………………………………………67

1．Dスコアの再検討（D，EA，es，Adjes，生活史）………67

2．DスコアとAdj Dの差 ……………………………………………68
　3．mとSumY ………………………………………………………69
　4．SumT，SumV，3r+(2)/R ……………………………………69
　5．Dスコア …………………………………………………………70
　6．mやYのBlends（ブレンド）…………………………………71
　7．Col-Shad Bl（色彩濃淡ブレンド）……………………………72

第5章　自己知覚 …………………………………………………………73

　1．OBS（強迫的様式指標）とHVI（警戒心過剰指標）………73
　2．Fr＋rF（反射反応）……………………………………………75
　3．EGI（自己中心性指標：3r+(2)/R）…………………………76
　4．FD（形態立体反応）とSumV（展望反応）…………………78
　5．An＋Xy（解剖反応とエックス線反応）……………………79
　6．MOR（損傷内容）………………………………………………80
　7．H（人間反応）…………………………………………………81
　8．投影された内容の検討 …………………………………………82

第6章　対人知覚 …………………………………………………………87

　1．CDI（対処力不全指標）………………………………………87
　2．HVI（警戒心過剰指標）………………………………………87
　3．a：p（積極的運動反応：消極的運動反応）…………………87
　4．Fd（食物反応）…………………………………………………89
　5．SumT（材質反応）……………………………………………90
　6．All HとH（人間反応の総和と人間全体反応）………………90
　7．GHR（良質人間表象反応）：PHR（貧質人間表象反応）…93
　8．COPとAG（協力的運動と攻撃的運動）……………………94
　9．PER（個人的内容）……………………………………………96
　10．Isolation Index（孤立指標）…………………………………97
　11．ペアを伴うM（人間運動）とFM（動物運動）……………97

第7章　情報処理 …………………………………………………………98

　あらかじめ検討すべき変数 ………………………………………98
　1．Zf（組織化活動反応数）………………………………………99
　2．W：D：Dd（領域の比率）…………………………………100
　3．反応領域の系列 ………………………………………………103

  4．W：M ……………………………………………………………103
  5．Zd（組織化活動反応値）…………………………………………104
  6．PSV（固執反応）…………………………………………………105
  7．DQ（発達水準）の分布 …………………………………………105
  8．発達水準の系列 …………………………………………………107

第8章　認知的媒介 ……………………………………………………108

 あらかじめ検討すべき変数 ……………………………………………108
  1．XA%（全体適切形態反応）と
   WDA%（WとDにおける適切形態反応）……………………108
  2．FQxnone（無形態反応）…………………………………………109
  3．X-%，FQx-，FQxS-，Dd領域でのFQ-
   （マイナスの形態水準）……………………………………………110
  4．P（平凡反応）とC（共通反応）………………………………113
  5．FQ+（普通・詳細反応）…………………………………………114
  6．X+%（良形態反応%）とXu%（稀少形態反応%）……………114

第9章　思　　考 …………………………………………………………117

  1．EB（体験型）とL（ラムダ）……………………………………117
  2．EBPer（体験型固定度）…………………………………………118
  3．a：p（積極的運動反応：消極的運動反応）……………………118
  4．HVI（警戒心過剰指標），OBS（強迫的様式指標），
   MOR（損傷内容）…………………………………………………118
  5．eb（基礎体験）の左辺（FMとm）……………………………119
  6．Ma：Mp（積極的人間運動反応：消極的人間運動反応）……120
  7．Intellectualization Index（知性化指標）………………………121
  8．Sum6（6つの重要な特殊スコア）と
   WSum6（重みづけた6つの重要な特殊スコア）………………121
  9．重要な特殊スコアの評価 ………………………………………123
 10．M（人間運動反応）の形態水準 ………………………………124
 11．M（人間運動反応）の質 ………………………………………126

第10章　系列分析 ………………………………………………………127

  1．系列分析とは ……………………………………………………127
  2．包括システムにおける系列分析 ………………………………129
  3．各図版の特徴 ……………………………………………………133

第11章 内容分析 …………………………………………………143
  1．内容分析とは ……………………………………………143
  2．人間に関する内容 ………………………………………148
  3．動物に関する内容 ………………………………………152
  4．解剖と性に関する内容 …………………………………159
  5．孤立指標に関する内容 …………………………………162
  6．知性化指標に関する内容 ………………………………164
  7．火・爆発に関する内容 …………………………………165
  8．その他の内容 ……………………………………………166

第12章 ステップ解釈の例 …………………………………169
  事例　45歳　男性 ……………………………………………172
  1．ステップ解釈を始める前に ……………………………182
  2．クラスターの検討 ………………………………………183
  3．解釈のまとめ ……………………………………………187

参考文献 ……………………………………………………………194

事項・人名索引 ……………………………………………………197

略号索引 ……………………………………………………………201

ロールシャッハ・テスト解釈法

第1章
ロールシャッハ・テストの解釈

1．ロールシャッハ・テストの解釈

　心理臨床家がロールシャッハ・テストを行うのは，クライエントを援助する目的で，クライエントの「その人らしさ」を表すパーソナリティを理解するためである。改めていうまでもないが，血液検査や脳波検査などの医学的検査は，機械的に行われても，それが検査結果に影響を与えることは少ない。これに反して心理テストは，実施時の被検者と検査者の人間関係が結果に影響を及ぼすので，テストの実施前にラポール（心のつながり）を形成するようにしなければならない。また被検者が自発的に，希望して心理テストを受けたり，協力的態度で受ける場合と，被検者の意思に反して心理テストが行われたと感じ，被検者が非協力的態度で心理テストを受ける場合とでは，得られる情報がかなり異なってくる。したがって被検者のパーソナリティを適切に理解するには，テスト時の状況や被検者の態度を十分に考慮しなければならない。また検査者と被検者の，互いの年齢や性別，生活環境の差異や態度などもテストに影響するので，テスト結果の正確な解釈には，これらの要因の配慮も欠かせない。

　さらにロールシャッハ・テストを解釈する検査者は，被検者の世界を自分のものとして感じとり，被検者が眺めるように世界を眺める，クロッパー（Klopfer, B. et al., 1954）のいう現象学的接近法を忘れてはならない。ロールシャッハ・テストのプロトコル（記録）の解釈にあたっては，クライエントがどのような気持ちでこの反応を言葉にしたのか，クライエントは何を考え，何を感じ，何を訴えようとして，このように答えたのかを感じとるようにしながら，記録されたすべてのデータを注意深く検討し，解釈を進めねばならない。ロールシャッハ・テストの解釈には，検査者がクライエントの反応を追体験し，反応を共感的に理解し，クライエントの内的世界を感じとろうとする基本的態度が必要である。

　ところでロールシャッハ・テストで用いられる図版は同じであるが，テスト

結果の解釈の方法は，実施法が異なるのと同じように一定ではない。しかしこのテストへのアプローチが互いに異なるといわれるベック（Beck, S.）とクロッパーなど，いわゆるロールシャッハ・テストの大家が事例を解釈した記録を読む時，重点の置き方に違いが見られるにしても，次の3つのアプローチを統合して解釈を行っているといえる。すなわち，①「コード化（スコアリング）に基づく数値（構造分析）」，②「図版ごとに変化していく反応の流れの様相（系列分析）」，③「インクブロットに意味づけた内容や言語表現の検討（内容分析）」からのアプローチの統合である。彼らはこの3つのアプローチのいずれかに，より重点をおきながらも，すべてのアプローチを用い，またテスト時のクライエントの行動観察や，生活史からの情報なども参照して，総合的にクライエントのパーソナリティを解釈している。

　臨床場面でのさまざまなクライエントや，健康な生活を送っている被検者に，長年にわたりロールシャッハ・テストを実施してきたわれわれも，同じように，①コードを数量化したサイコグラムや構造一覧表，②反応の系列（流れ），③言語表現の3つを情報源として，これらを統合して解釈を行ってきた。そして明確に区別することはできないにしても，構造分析が，よりサイエンス的なアプローチであり，系列分析と言語表現の分析が，よりアート的なアプローチであると考えている。かつてロールシャッハ・テストの解釈は容易ではなく，解釈に習熟するには3年以上の年月が必要であるともいわれていたが，これは臨床的直観をより重視するアート的アプローチについて，とくにいえることであり，そのアプローチは一定の方式としてではなく，ややもすれば名人芸的に，あるいは口伝（口頭伝授）の形で行われてきている。

　ところでクロッパーの考えよりもベックの考えに近いエクスナー（Exner, J.）は，「最も実証的で，最も臨床に役立つ」ロールシャッハ・テストの構築を意図したので，解釈においても実証性の側面が強調されている。実証性に基づく包括システムの解釈は，多くの臨床経験を必要とする名人芸的なものではなく，心理臨床家なら誰もが，ある水準までは同じような解釈結果に到達できる長所がある。本書では，包括システムによるロールシャッハ・テストの解釈において重視される構造分析に必要な変数をおもに取り上げている。しかし包括システムの解釈は，構造分析のみを取り上げるのではなく，各クラスターごとのステップ解釈の過程において，必ず反応内容や言語表現を取り上げるし，反応の系列（流れ）の検討を行うことを忘れてはならない。

この点について最近もエクスナーとエルドバーグ（Exner, J. & Erdberg, P., 2005）は，「解釈仮説の形成には構造一覧表が最も役に立つが，時にはその仮説があまりにも一般的すぎたり，狭すぎたりして誤解を生じることがある。したがって構造データからの所見に関連して，他のデータを展望する必要がある。構造データからの仮説を，明確にしたり修正する情報がスコアの系列から得られるし，スコアの系列から時には新しい仮説が生じることもある。また言語表現から仮説を形成するのは注意深く行うべきであるが，鋭い解釈をする人なら言語材料から重要な情報を抜き出すことができる」と述べている。わが国の心理臨床家の中には，包括システムの解釈を構造データのみの数量的アプローチと誤解している者もいるが，エクスナーのワークショップに参加した人や，彼の著書の解釈事例を読んだ人なら，包括システムが構造分析による解釈を基盤としながら，反応の流れを検討し，言語表現の特徴や内容の象徴的意味を十分に配慮していることに気づくであろう。ただし，かつてワイナー（Weiner, I., 1998）が，「包括システムにおいて，構造変数が最初に取り上げられたのは，内容の変数が構造の変数よりも研究するには複雑なためであった。今後，包括システムが発展するにつれ，内容分析を含む言語表現について実証的な解釈法が具体化されていくと思われる」と述べたように，内容分析を含む言語表現の解釈は，発展しつつある包括システムにおいて，今後さらに実証的研究が待たれる領域ではある。

2．包括システムのステップ解釈

　かつてワイナー（1997）は，心理臨床家がロールシャッハ・テストを用いる目的として次の5つをあげている。すなわち，①パーソナリティの構造（クライエントの現在の思考や感情の状態と，行動に影響する持続的な特性），②パーソナリティの力動（行動に影響する内的原因としての無意識の欲求・態度・葛藤や，現在のパーソナリティの状態と内的特性との関係など），③鑑別診断の補助（ある精神病理に特徴的な状態がロールシャッハ・テストの反応に見られるかの検討），④治療計画と治療成果の評価（心理療法の目標や，治療過程の予測や，心理療法による変化の査定），⑤行動予測（ある状況におかれたクライエントがどのような行動をとるか）である。
　このような目的でロールシャッハ・テストを行い，プロトコル（記録）を取り扱う包括システムでは，系統的に一定の順序に従って仮説が立てられ，各ク

ラスター内の変数をステップごとに検討していく，ガイドラインが明白に定められている。したがってロールシャッハ・テストに習熟していない人でも，比較的短期間のうちに，最大公約数としての解釈を同じように行える長所がある。また同じロールシャッハ・テストのプロトコルの解釈が異なる場合，解釈過程のどの部分からの仮説に相違が生じたのかを知ることができるので，このテストをサイエンス的に取り扱うことが可能となる。ただし既述のようにロールシャッハ・テストの解釈はサイエンス的アプローチとアート的アプローチの総合であるから，初学者は最大公約数としての最小限の解釈水準の情報に満足するべきではなく，心理臨床家として，パーソナリティ理論を研究し，精神病理学などの知識を豊かにし，多くの臨床経験を経ることによって，より深く多くの情報が得られるようにつとめねばならない。

　ところで包括システムでは実証的研究の結果，パーソナリティ特徴が表1－1に示した変数のクラスターに分けられることから，パーソナリティの様相を7つの側面に分類している。

　①感情（Affective Features）
　　感情をどのように体験し，処理し，表現しているか。
　②統制とストレス耐性（Capacity for Control Stress Tolerance）
　　刺激（要求）を処理したり，ストレスを統御したりする，順応のために必要な資質はどの程度見られるか。
　③情報処理（Information Processing）
　　自分の世界（外部からの刺激や自分の経験）にどのように注意を向けているか。
　④認知的媒介（Cognitive Mediation）
　　注意を向けた対象をどのように知覚しているか。
　⑤思考（Ideation）
　　自分が知覚したものをどのように考え概念化しているか。
　⑥対人知覚（Interpersonal Perception）
　　他者をどのように理解し，他者とどのように関係していこうとするか。
　⑦自己知覚（Self-Perception）
　　自分自身をどのように眺めているか。

　包括システムではこうしたパーソナリティの特徴以外に，被検者が，ストレスによる影響を現在受けているかどうかを，表1－1の最後にあげた「状況関

表1-1　いくつかの心理学的特徴に関連する変数のクラスター

要素または機能	変　　　　数
感情	DEPI, CDI, EB（外拡型），ラムダ，EBPer, eb（右辺の値〔SumC'+SumT+SumV+SumY〕），SumC'：WSumC, Afr, 2AB+Art+Ay, CP, FC：CF+C, 純粋C（頻度と質），S，ブレンド，色彩・濃淡ブレンド，濃淡ブレンド
統制とストレス耐性	Dスコア，AdjDスコア，CDI, EA（SumM, WSumC），EB, ラムダ，esとAdjes（FM, m, SumT, SumV, SumC', SumY）
情報処理	ラムダ，EB, OBS, HVI, Zf, W：D：Dd, 領域の系列，W：M, Zd, PSV, DQ, DQの系列
認知的媒介	R, ラムダ，OBS, XA%, WDA%, X-%, FQ-, S-（マイナス反応の同質性と歪曲の程度），P, FQ+, X+%, Xu%
思考	EB（内向型），ラムダ，EBPer, a：p, HVI, OBS, MOR, eb（左辺の値〔FM+m〕），Ma：Mp, 2AB+Art+Ay, Sum6, WSum6, 6つの特殊スコアの質，MQ, Mの性質
対人知覚	CDI, HVI, a：p, Fd, SumT, 人間の内容の総計，H, GHR, PHR, COP, AG, PER, 孤立指標，ペアのMとFMの内容
自己知覚	OBS, HVI, Fr+rF, 3r+(2)/R, FD, SumV, An+Xy, MOR, PureH：NonPureH, 人間に関するコード，すべてのマイナス反応，MOR, 人間の内容と運動反応の内容
状況関連ストレス	Dスコア，AdjDスコア，EA, EB（0の値），m, SumY, SumT, SumV, 複雑なBlend，色彩・濃淡と濃淡ブレンド（mとY），PureC, M, M-, 無形態のM

Exner, J.（2003）による

連ストレス（Situationally Related Stress）」として取り上げている。この状況関連ストレスは，テスト結果に状況関連のストレスの存在が確認できた場合にのみ検討を行う。

　包括システムでは，ロールシャッハ・テストの反応をコード化した変数や構造一覧表の変数を系統的に順をおって検討し，これらのパーソナリティの側面（クラスター）を明らかにして，「まえがき」でも述べたように，「被検者がどのように感情を調節し，ストレスを統制し，どのように外界を把握して，どのように思考し，どのような対人関係をもち，自分をどのように眺め，問題に対処していくか」を中心にして理解しようとする。その際，構造一覧表に表れた数値の変数だけではなく，言語表現や変数の系列も十分に参照して解釈を行うことを忘れてはならない。

これまでロールシャッハ・テスト結果の解釈については，プロトコル（記録）をまず量的に検討し，反応の系列（継起）を分析し，ついで言語表現や内容を検討するといわれることが多い。しかし，その具体的なアプローチの方法は明確ではなく，初学者は当惑しがちであったし，経験を積んだ人でも，このテストから得られるすべての情報を有効に利用できないことが多い。しかし包括システムでは，テストで得られたプロトコルが解釈を行うのに妥当であれば，ステップ解釈という具体的な方法によって，ロールシャッハ・テストから得られた情報を見落とさないように計画されている。ステップ解釈とは，規定された一定の順序に従って，検査者がクラスターとクラスター内部の変数に関する情報をすべて検討し，その変数に関連した（系列の）情報や内容の情報を相互に関連させ統合することにより，被検者独自のパーソナリティを理解する方法である。

　包括システムでは，クラスター分析によって明らかになったパーソナリティの7つの様相を統合して解釈するので，どのクラスターから解釈を初めても結果は同じだといえる。しかし例えば統合失調症者とうつ病者のパーソナリティを理解する時，統合失調症者では思考関連（認知の三側面）のクラスターを優

表1－2　鍵変数に基づく解釈順序の戦略

鍵変数	典型的なクラスター検討順序
PTI＞3	情報処理→認知的媒介→思考→統制→感情→自己知覚→対人知覚
DEPI＞5かつCDI＞3	対人知覚→自己知覚→統制→感情→情報処理→認知的媒介→思考
DEPI＞5	感情→統制→自己知覚→対人知覚→情報処理→認知的媒介→思考
D＜Adj D	統制→状況ストレス→（以下の順路は次に該当する鍵変数による）
CDI＞3	統制→対人知覚→自己知覚→感情→情報処理→認知的媒介→思考
Adj D＜0	統制→（以下の順路は次に該当する鍵変数による）
L＞0.99	情報処理→認知的媒介→思考→統制→感情→自己知覚→対人知覚
反射反応あり	自己知覚→対人知覚→統制（以下の順路は次に該当する鍵変数による）
体験型内向型	思考→情報処理→認知的媒介→統制→感情→自己知覚→対人知覚
体験型外拡型	感情→自己知覚→対人知覚→統制→情報処理→認知的媒介→思考
p＞a＋1	思考→情報処理→認知的媒介→統制→自己知覚→対人知覚→感情
HVI陽性	思考→情報処理→認知的媒介→統制→自己知覚→対人知覚→感情

Exner, J. & Erdberg（2005）による

表1−3 第3の変数による解釈順序の戦略

第3の変数	典型的なクラスター検討順序
OBS陽性	情報処理→認知的媒介→思考→統制→感情→自己知覚→対人知覚
DEPI = 5	感情→統制→自己知覚→対人知覚→情報処理→認知的媒介→思考
EA > 12	統制→思考→情報処理→認知的媒介→感情→自己知覚→対人知覚
M−> 0 or Mp > Ma or Sum6 SpSc > 5	思考→認知的媒介→情報処理→統制→感情→自己知覚→対人知覚
Sum Shad > FM+m or CF+C > FC+ 1 or Afr < 0.46	感情→統制→自己知覚→対人知覚→情報処理→認知的媒介→思考
X-% > 0.20 or Zd > + 3.0 or Zd < − 3.0	情報処理→認知的媒介→思考→統制→感情→自己知覚→対人知覚
3r+(2)/R < 0.33	自己知覚→対人知覚→感情→統制→情報処理→認知的媒介→思考
MOR > 2 or AG > 2	自己知覚→対人知覚→統制→思考→情報処理→認知的媒介→感情
T = 0 or T > 1	自己知覚→対人知覚→感情→統制→情報処理→認知的媒介→思考

Exner, J. & Erdberg (2005) による

先し，うつ病者では感情のクラスターを優先して検討することが，クライエントの理解により適しているといえる。このようなことから，包括システムでは統計的根拠に基づき，得られた変数によって7つのクラスターを検討していく順序が規定されている。

　7つのクラスターのどのクラスターから検討を始めていくかの手がかりとなるのが，表1−2の鍵変数（Key Variable）である。さまざまな実証的研究から得られた鍵変数は，パーソナリティの支配的要因として，その人の心理学的特徴に関する情報を与える変数である。表1−2のPTI > 3からAdjD < 0までの鍵変数は，パーソナリティの構造に関連し，思考や感情のいちじるしい混乱や発達上の問題に焦点をあてている。またL > 0.99以下の鍵変数は，基本的な行動様式に関連している。

　解釈の際の鍵変数の決定は，被検者から得られた構造一覧表の中の変数と，

表1-4　各クラスター内の変数を検討する順序

統制とストレス耐性
- ステップ1　Adj D および CDI
- ステップ2　EA
- ステップ3　EB およびラムダ
- ステップ4　es および Adj es
- ステップ5　eb

状況関連ストレス
- ステップ1　D スコア（es および Adj D との関係で検討）
- ステップ2　D と Adj D スコアの差
- ステップ3　m と Y
- ステップ4　T, V, 3r+(2)/R（生活史との関係で検討）
- ステップ5　D スコア（純粋 C, M-, 無形態 M の検討）
- ステップ6　ブレンド
- ステップ7　色彩・濃淡ブレンドと濃淡ブレンド

感情
- ステップ1　DEPI と CDI
- ステップ2　EB とラムダ
- ステップ3　EBPer
- ステップ4　eb の右辺とそれに関連した変数
- ステップ5　SumC'：WSumC
- ステップ6　感情比率（Afr）
- ステップ7　知性化指標
- ステップ8　色彩投影（CP）
- ステップ9　FC：CF+C
- ステップ10　純粋 C
- ステップ11　空白反応（S）
- ステップ12　ブレンド（ラムダおよび EB）
- ステップ13　m や Y のブレンド反応
- ステップ14　ブレンドの複雑さ
- ステップ15　色彩・濃淡ブレンド
- ステップ16　濃淡ブレンド

自己知覚
- ステップ1　OBS および HVI
- ステップ2　反射反応
- ステップ3　自己中心性指標
- ステップ4　FD および V（生活史との関係で検討）
- ステップ5　An+Xy
- ステップ6　MOR の総計
- ステップ7　H：(H)+ Hd +(Hd)と人間反応内容の検討
- ステップ8　投影について以下の検討
- ステップ8a　マイナス反応
- ステップ8b　MOR 反応
- ステップ8c　M および人間反応内容
- ステップ8d　FM および m
- ステップ8e　他の反応における言語修飾と潤色

情報処理
- あらかじめ検討すべき変数
（ラムダ, EB, OBS, HVI）
- ステップ1　Zf
- ステップ2　W：D：Dd
- ステップ3　反応領域の系列
- ステップ4　W：M
- ステップ5　Zd
- ステップ6　PSV
- ステップ7　DQ
- ステップ8　DQ の系列

認知的媒介
- あらかじめ検討すべき変数
（R, OBS, ラムダ）
- ステップ1　XA% と WDA%
- ステップ2　無形態反応
- ステップ3　X-%, FQ-の頻度, S-の頻度
- ステップ3a　同質性
- ステップ3b　マイナスの歪みの程度
- ステップ4　平凡反応
- ステップ5　FQ+ の頻度
- ステップ6　X+% と Xu%

思考
- ステップ1　EB とラムダ
- ステップ2　EBPer
- ステップ3　a：p
- ステップ4　HVI, OBS, MOR
- ステップ5　eb の左辺
- ステップ6　Ma：Mp
- ステップ7　知性化指標
- ステップ8　Sum6 と WSum6
- ステップ9　6つの特殊スコアの質
- ステップ10　M の形態水準
- ステップ11　M 反応の質

対人知覚
- ステップ1　CDI
- ステップ2　HVI
- ステップ3　a：p の比率
- ステップ4　食物反応内容（Fd）
- ステップ5　T の総計
- ステップ6　人間反応内容の総計および人間全体反応の個数
- ステップ7　GHR：PHR
- ステップ8　COP および AG の頻度とコード
- ステップ9　PER
- ステップ10　孤立指標
- ステップ11　ペアの M および FM の反応内容

Exner, J. & Erdberg（2005）による

表1−2の鍵変数を上から順に比較し,該当する変数があれば,その右側に典型的なクラスター検討順序として示された順に従い,7つのクラスターを検討していく。鍵変数が異なり,上述のようにクラスターを検討する順序が違っても,状況関連ストレス以外の7つのクラスターをすべて検討していくが,7つのクラスターの初めの方で検討するクラスターは,後の方で検討するクラスターよりも,被検者のパーソナリティ理解に重要な役割を占めると考えられている。なお被検者の構造一覧表の中の変数が表1−2の鍵変数のいずれにも該当しない場合,表1−3の第3の変数に該当するかどうかを上から順に検討していき,該当する変数を決定して,規定された順序で7つのクラスターを検討していく。さらに各クラスターを構成する変数を検討していく順序は,表1−4のようにステップ(段階)として定められており,この順序で検討していく。

3.本書の基礎資料

「まえがき」でも述べたように,包括システムにおいて,エクスナーは解釈のための変数の基準値を実証的根拠によって設定しているが,文化を異にするわが国の被検者に必ずしも合致しない。そこでわれわれは,「ロールシャッハ・テスト実施法」(高橋・高橋・西尾,2006)の基準に従って実施したプロトコルを,われわれ3人が別個にコードし,一致しないコードについては,3人で討議して決定したコードによって,各変数の数値を計算した。

3-1. 被検者の構成

かつてわれわれ(高橋・西尾,1994;高橋・高橋・西尾,1998)は,健常成人220人(男女各110人)の資料に基づいた数値を公にしたが,その後,われわれが収集した健常成人180人を加え,「ロールシャッハ・テスト実施法」に従ってコードを統一したのが本書である。本書の基礎資料となった健常成人は,男性200人と女性200人の計400人であり,すべての被検者はこれまでに精神障害に罹患したことはなく,テスト時に健康な生活を送っている者である。20歳〜25歳の被検者の大部分は大学生・大学院生であり,26歳以上の被検者は,われわれの友人や知人と,その紹介によるボランティア(無報酬)であり,居住地のほとんどは関西地方である。このうち既婚者は232人(58%)であり,平均年齢と教育歴は表1−5のとおりである。

表1－5　本書の基礎資料となった健常成人

被検者数	平均年齢	標準偏差	中央値	範囲
400人（男女各200人）	35.59	12.84	37.00	20歳～69歳
男性200人	35.26	13.63	33.50	20歳～69歳
女性200人	35.92	12.02	40.00	20歳～69歳

年齢	人数	（％）	教育歴	人数	（％）
20～25歳	145	36％	12年未満	1	0％
26～35歳	48	12％	12年	54	14％
36～45歳	97	24％	13～15年	153	38％
46～55歳	91	23％	16年	174	44％
56～65歳	14	4％	17年以上	18	5％
66歳以上	5	1％			

3-2. 期待値

400人の健常成人から得られた記述統計量は表1－6の通りである。次章から各変数の解釈仮説を述べる時，各変数の平均値，標準偏差，中央値を，この記述統計量から掲載した。さらに今回の健常成人の中の多くの者が示す値を，仮に期待値と呼ぶことにして，被検者の約70％が属する範囲を示すことにした。多くの心理テストの得点は正規分布をすることが多く，平均値±1σの範囲（標準得点で40～60の範囲）に68.2％の人が属するので，これを標準（普通）域としているが，ロールシャッハ・テストで用いられる変数の数値の多くは正規分布をしてはいない。そこでわれわれは変数ごとの平均値と中央値を考慮しながら，被検者の約70％が属する範囲を仮に期待値として，各変数の横に示すとともに，括弧内にその範囲に属する健常成人の出現率を％（パーセント）で表した。また，期待値からの逸脱の度合いを見るために，その変数に関する特定の数値の出現率も，変数の欄の下に示した。これにより，高橋・高橋・西尾（1998）のMdn±Qの範囲の値とも比較できる。これらのわが国の被検者に関する数値はすべて**太ゴチック字体**で記載してある。なお数値は小数点第2位までを示したが，％については整数のみで表した。

ロールシャッハ・テストの解釈にあたり，本書の数値を用いる時は，期待値が健常成人の一応の目安となる数値と考えて利用できよう。また包括システムの変数のいくつかは，1つのクラスターのみではなく，他のクラスターでも用いられている。同じ変数が2つ以上のクラスターで用いられる時の変数の説明

は，本書の初めの方のクラスターに出現した章で，おもに行っている。したがって変数の意味を検討する場合などには索引を利用されたい。

さらにわが国の健常成人の数値と比較できるように，各変数ごとにアメリカの健常成人の数値として，エクスナーとエルドバーグ（2005）の数値をあげた。これは彼らが新しく健常成人（新しい非患者標本）の男性220人と女性230人の計450人（平均年齢34.90　標準偏差13.42　中央値31）に基づいて示した記述統計量によっている。おもに平均値，標準偏差，中央値などを引用したが，この数値はイタリック字体で示してある。ただし統合失調症者の数値については新しい数値が述べられていないので，エクスナーの従来の統計値によっている。また太ゴチック字体の数字のみでイタリック字体の数字が付記されていない変数は，エクスナーの書物に数値が記載されていない変数である。

なおこれまでエクスナーの著書では2001年に作成された600人の記述統計値が用いられていた。この2001年と今回の2005年の統計値のほとんどは類似しているが，いくつかの点で異なり，解釈上注意すべき変数が見られる。例えば2001年の統計値では，S（空白反応）の平均値は1.57，中央値が1.00であったが，2005年の統計値では平均値が2.37，中央値が2.00となっている。これによってエクスナーらは，従来のSの仮説の3個以上という基準を4個以上と変え，3個のSの基準による場合は，Ⅰ図の「動物の顔」や「仮面」，Ⅱ図の「ロケット」や「宇宙船」を含まない場合だと述べている。またFCの平均値が3.56から2.97，CFが2.41から2.80，Cが0.12から0.17と変化し，CF+C＞FC＋1やCF+C＞FC＋2の者が増加しているなど，解釈において注意すべき変数がいくつか見られる。これらの数値に関心のある人は原著を参照されたい。

また本書では，われわれの1998年の著書と同じように，われわれが収集してきた統合失調症者220人（平均年齢34.9　標準偏差10.3　範囲20歳〜71歳）の資料の数値も，参考のために適宜引用している。以下の章において健常成人あるいは統合失調症者と記載してあるのは，とくに説明がないかぎり，われわれが収集したわが国の400人の健常成人あるいは220人の統合失調症者という意味である。

表1－6　健常成人の記述統計量（N＝400）

	平均値	標準偏差	最小値	最大値	頻度	中央値	最頻値	歪度	尖度
Age	35.59	12.84	20.00	69.00	400	37.00	21.00	0.22	−1.15
R	23.51	6.90	14.00	51.00	400	22.00	20.00	0.88	0.63
W	11.53	4.59	1.00	32.00	400	11.00	10.00	0.92	1.81
D	9.55	5.65	0.00	32.00	398	8.00	5.00	0.87	0.38
Dd	2.44	1.97	0.00	16.00	343	2.00	2.00	1.71	6.63
S	2.92	2.04	0.00	11.00	361	3.00	2.00	0.68	0.19
DQ+	5.88	3.01	0.00	16.00	396	5.00	5.00	0.62	0.27
DQo	15.78	5.99	3.00	41.00	400	15.00	16.00	0.80	0.76
DQv	1.55	1.55	0.00	8.00	285	1.00	1.00	1.24	1.49
DQv/+	0.30	0.61	0.00	4.00	96	0.00	0.00	2.54	8.43
FQx+	0.00	0.00	0.00	0.00	0	0.00	0.00	……	……
FQxo	17.42	4.97	7.00	35.00	400	17.00	14.00	0.69	0.42
FQxu	4.08	2.72	0.00	18.00	382	4.00	4.00	1.19	2.62
FQx−	1.96	1.67	0.00	10.00	332	2.00	1.00	1.43	3.32
FQxnone	0.05	0.22	0.00	2.00	18	0.00	0.00	4.92	25.59
MQ+	0.00	0.00	0.00	0.00	0	0.00	0.00	……	……
MQo	3.37	1.98	0.00	10.00	380	3.00	3.00	0.68	0.53
MQu	0.43	0.74	0.00	4.00	123	0.00	0.00	1.88	3.40
MQ−	0.16	0.42	0.00	2.00	57	0.00	0.00	2.61	6.41
MQnone	0.01	0.10	0.00	1.00	4	0.00	0.00	9.89	96.22
S−	0.37	0.65	0.00	3.00	114	0.00	0.00	1.82	2.97
M	3.98	2.45	0.00	13.00	385	4.00	4.00	0.86	0.86
FM	3.67	2.39	0.00	14.00	375	3.00	2.00	0.90	1.29
m	1.13	1.15	0.00	6.00	253	1.00	0.00	0.99	0.73
FM+m	4.80	2.77	0.00	17.00	392	4.00	4.00	0.78	0.90
FC	1.97	1.63	0.00	11.00	325	2.00	2.00	1.20	2.71
CF	1.98	1.57	0.00	9.00	333	2.00	1.00	1.00	1.27
C	0.14	0.40	0.00	3.00	47	0.00	0.00	3.30	12.52
Cn	0.00	0.00	0.00	0.00	0	0.00	0.00	……	……
SumColor	4.08	2.36	0.00	15.00	384	4.00	4.00	0.83	1.31
WSumC	3.16	1.90	0.00	10.00	384	3.00	2.50	0.79	0.87
SumC'	1.39	1.43	0.00	8.00	269	1.00	0.00	1.25	1.93
SumT	0.60	0.82	0.00	4.00	172	0.00	0.00	1.38	1.79
SumV	0.34	0.62	0.00	3.00	107	0.00	0.00	1.97	3.83
SumY	0.55	0.84	0.00	5.00	154	0.00	0.00	1.78	3.62
SumShd	2.88	2.21	0.00	11.00	352	2.00	2.00	0.92	0.72
Fr+rF	0.20	0.53	0.00	3.00	60	0.00	0.00	2.88	8.41
FD	0.61	0.78	0.00	4.00	185	0.00	0.00	1.31	1.76
F	10.47	5.15	0.00	28.00	399	10.00	6.00	0.80	0.69
2	6.52	3.38	0.00	21.00	395	6.00	5.00	0.84	1.31
3r+(2)/R	0.31	0.14	0.00	0.93	395	0.30	0.33	0.49	1.01

表1－6　健常成人の記述統計量（N＝400）（つづき）

	平均値	標準偏差	最小値	最大値	頻度	中央値	最頻値	歪度	尖度
Lambda	0.96	0.88	0.00	13.00	399	0.78	1.00	7.11	87.31
EA	7.14	3.40	0.00	23.00	399	6.50	6.00	0.90	1.53
es	7.68	4.02	0.00	22.00	395	7.00	5.00	0.68	0.53
D	−0.15	1.42	−6.00	5.00	400	0.00	0.00	−0.52	2.31
Adj D	0.03	1.35	−5.00	5.00	400	0.00	0.00	−0.23	2.16
active	5.09	3.07	0.00	17.00	386	5.00	3.00	0.83	0.79
passive	3.70	2.24	0.00	14.00	386	3.00	3.00	0.82	1.09
Ma	2.23	1.91	0.00	9.00	317	2.00	0.00	0.99	0.97
Mp	1.75	1.48	0.00	9.00	306	2.00	2.00	0.95	1.59
Intellect	1.57	1.61	0.00	11.00	287	1.00	1.00	1.63	4.21
Zf	14.23	4.65	3.00	34.00	400	14.00	16.00	0.57	1.17
Zd	−2.22	4.88	−15.50	16.50	400	−2.00	−3.00	0.10	0.23
Blends	2.98	2.18	0.00	12.00	366	3.00	2.00	1.07	1.45
Blends/R	0.13	0.10	0.00	0.57	366	0.11	0.00	1.13	1.55
Col-ShdBlends	0.34	0.62	0.00	4.00	109	0.00	0.00	2.16	6.15
Afr	0.48	0.16	0.18	1.22	400	0.45	0.50	1.07	2.08
P	5.48	1.79	1.00	11.00	400	5.00	5.00	0.06	−0.16
C	1.18	0.79	0.00	4.00	326	1.00	1.00	0.37	0.12
XA%	0.92	0.06	0.67	1.00	400	0.93	1.00	−0.80	0.82
WDA%	0.93	0.06	0.69	1.00	400	0.94	1.00	−0.91	0.83
X+%	0.75	0.11	0.43	1.00	400	0.75	0.75	−0.14	−0.26
X−%	0.08	0.06	0.00	0.33	332	0.07	0.00	0.86	0.95
Xu%	0.17	0.09	0.00	0.45	382	0.16	0.00	0.33	0.00
Isolate/R	0.16	0.10	0.00	0.65	371	0.14	0.00	0.97	1.65
H	3.09	1.92	0.00	11.00	383	3.00	2.00	0.94	1.08
(H)	0.75	0.96	0.00	5.00	191	0.00	0.00	1.36	1.62
Hd	1.34	1.38	0.00	7.00	276	1.00	1.00	1.36	1.93
(Hd)	0.51	0.76	0.00	4.00	148	0.00	0.00	1.55	2.14
Hx	0.03	0.18	0.00	2.00	10	0.00	0.00	7.07	55.23
AllH	5.67	3.09	0.00	18.00	396	5.00	4.00	1.01	1.55
A	8.18	3.47	2.00	20.00	400	8.00	7.00	0.82	0.64
(A)	0.58	0.82	0.00	4.00	165	0.00	0.00	1.50	2.21
Ad	2.87	1.94	0.00	11.00	367	3.00	2.00	0.91	1.16
(Ad)	0.22	0.51	0.00	3.00	69	0.00	0.00	2.59	6.93
An	0.46	0.73	0.00	4.00	138	0.00	0.00	1.83	3.70
Art	0.94	1.06	0.00	7.00	237	1.00	0.00	1.60	4.26
Ay	0.27	0.55	0.00	3.00	88	0.00	0.00	2.03	3.58
Bl	0.11	0.34	0.00	2.00	39	0.00	0.00	3.28	10.83
Bt	1.85	1.58	0.00	8.00	308	2.00	1.00	0.84	0.64
Cg	1.60	1.53	0.00	8.00	296	1.00	1.00	1.24	1.66
Cl	0.08	0.31	0.00	2.00	27	0.00	0.00	4.24	18.78

表1－6　健常成人の記述統計量（N＝400）（つづき）

	平均値	標準偏差	最小値	最大値	頻度	中央値	最頻値	歪度	尖度
Ex	0.21	0.48	0.00	3.00	71	0.00	0.00	2.43	6.03
Fd	0.48	0.79	0.00	5.00	141	0.00	0.00	2.10	6.05
Fi	0.76	0.93	0.00	5.00	207	1.00	0.00	1.41	2.28
Ge	0.14	0.41	0.00	3.00	46	0.00	0.00	3.34	12.34
Hh	0.95	1.03	0.00	5.00	234	1.00	0.00	1.00	0.57
Ls	0.92	1.07	0.00	6.00	226	1.00	0.00	1.34	2.01
Ma	0.39	0.70	0.00	3.00	118	0.00	0.00	1.93	3.56
Mu	0.57	0.71	0.00	3.00	182	0.00	0.00	1.19	1.21
Na	0.26	0.52	0.00	3.00	91	0.00	0.00	1.97	3.65
Sc	0.80	1.07	0.00	6.00	199	0.00	0.00	1.88	4.57
Sx	0.06	0.27	0.00	3.00	20	0.00	0.00	5.94	44.53
Xy	0.10	0.38	0.00	3.00	32	0.00	0.00	4.18	19.18
Id	1.18	1.17	0.00	7.00	271	1.00	1.00	1.27	2.23
DV	0.14	0.38	0.00	3.00	50	0.00	0.00	3.10	11.84
INC	0.23	0.53	0.00	3.00	74	0.00	0.00	2.57	7.03
DR	0.06	0.23	0.00	1.00	23	0.00	0.00	3.82	12.62
FAB	0.40	0.74	0.00	4.00	114	0.00	0.00	2.01	3.88
DV2	0.00	0.00	0.00	0.00	0	0.00	0.00	……	……
INC2	0.00	0.00	0.00	0.00	0	0.00	0.00	……	……
DR2	0.00	0.00	0.00	0.00	0	0.00	0.00	……	……
FAB2	0.00	0.00	0.00	0.00	0	0.00	0.00	……	……
ALOG	0.01	0.11	0.00	1.00	5	0.00	0.00	8.81	75.97
CONTAM	0.00	0.00	0.00	0.00	0	0.00	0.00	……	……
Sum6SpSc	0.84	1.13	0.00	7.00	198	0.00	0.00	1.88	4.70
Lvl2SpSc	0.00	0.00	0.00	0.00	0	0.00	0.00	……	……
WSum6	2.44	3.48	0.00	23.00	198	0.00	0.00	1.90	4.62
AB	0.18	0.47	0.00	3.00	58	0.00	0.00	2.99	9.84
AG	0.34	0.66	0.00	5.00	107	0.00	0.00	2.88	12.98
COP	1.27	1.27	0.00	7.00	264	1.00	0.00	1.07	1.27
CP	0.00	0.00	0.00	0.00	0	0.00	0.00	……	……
GHR	4.30	2.33	0.00	12.00	390	4.00	4.00	0.65	0.44
PHR	1.97	1.71	0.00	9.00	322	2.00	1.00	1.15	1.49
MOR	0.42	0.72	0.00	4.00	126	0.00	0.00	2.00	4.46
PER	0.28	0.66	0.00	5.00	77	0.00	0.00	3.11	12.07
PSV	0.31	0.61	0.00	4.00	96	0.00	0.00	2.31	6.22
SD	0.14	0.39	0.00	2.00	48	0.00	0.00	2.94	8.46
PSVS	0.00	0.00	0.00	0.00	0	0.00	0.00	……	……

表 1 − 7　健常成人での 36 変数の頻度（N ＝ 400）

PERCENTAGES AND SPECIAL INDICES							
STYLES				FORM QUALITY DEVIATIONS			
Introversive		132	33 %	XA%	> .89	260	65 %
Pervasive		75	19 %	XA%	< .70	1	0 %
Ambitent		211	53 %	WDA%	< .85	35	9 %
Extratensive		57	14 %	WDA%	< .75	3	1 %
Pervasive		32	8 %	X+%	< .55	10	3 %
				Xu%	> .20	128	32 %
				X−%	> .20	17	4 %
D-SCORES				X−%	> .30	1	0 %
D Score	> 0	95	24 %				
D Score	= 0	187	47 %	FC : CF+C RATIO			
D Score	< 0	118	30 %	FC > (CF+C)+2		40	10 %
D Score	<−1	54	14 %	FC > (CF+C)+1		90	23 %
				(CF+C) > FC+1		109	27 %
Adj D Score	> 0	104	26 %	(CF+C) > FC+2		48	12 %
Adj D Score	= 0	200	50 %				
Adj D Score	< 0	96	24 %				
Adj D Score	<−1	40	10 %				
				S-Constellation Positive		2	1 %
Zd > +3.0		56	14 %	HVI Positive		46	12 %
Zd < −3.0		163	41 %	OBS Positive		0	0 %
PTI = 5	0	0 %	DEPI = 7	3	1 %	CDI = 5	27	7 %
PTI = 4	0	0 %	DEPI = 6	20	5 %	CDI = 4	89	22 %
PTI = 3	0	0 %	DEPI = 5	57	14 %			

MISCELLANEOUS VARIABLES						
R < 17	59	15 %	(2AB+Art+Ay) > 5		12	3 %
R > 27	106	27 %	Populars < 4		49	12 %
DQv > 2	89	22 %	Populars > 7		54	14 %
S > 2	207	52 %	COP = 0		136	34 %
Sum T = 0	228	57 %	COP > 2		68	17 %
Sum T > 1	56	14 %	AG = 0		293	73 %
3r+(2)/R < .33	232	58 %	AG > 2		4	1 %
3r+(2)/R > .44	59	15 %	MOR > 2		9	2 %
Fr+rF > 0	60	15 %	Level 2 Sp.Sc. > 0		0	0 %
PureC > 0	47	12 %	GHR > PHR		300	75 %
PureC > 1	6	2 %	Pure H < 2		78	20 %
Afr < .40	128	32 %	Pure H = 0		17	4 %
Afr < .50	232	58 %	p > a+1		89	22 %
(FM+m) < Sum Shading	78	20 %	Mp > Ma		139	35 %

4．ステップ解釈の開始

4-1．テスト状況の検討

　心理臨床家がその実施と解釈に多くの時間をかけて，ロールシャッハ・テストを行うのは，このテストが他の心理テストで得られない多くの情報を与えるからである。ロールシャッハ・テストは被検者が気づいている現在の状態だけではなく，隠されたパーソナリティの構造や力動性も明らかにするが，そのためには信頼できるプロトコル（記録）が得られねばならない。プロトコルからの解釈が信頼できるためには，①被検者がテストに協力し，②いちじるしく混乱した精神状態ではなく，③プロトコルに一定の反応数が得られる必要がある。

　既述のようにロールシャッハ・テストの解釈にあたっては，テスト時の被検者の物理的・心理的な状態を念頭におかねばならない。被検者がテストに協力する気持ちがなく，拒否的・防衛的な態度で受けたテスト結果は，あいまいな状況や理解できない場面における被検者が，逃避的あるいは拒否的な態度をとりやすいなどの情報が得られても，このテストから得ようとする情報を十分に得ることはできない。またテスト時に混乱した精神状態にある人のテスト結果は，一時的に歪められた状態を反映し，その時の被検者の精神状態を表していても，被検者本来のパーソナリティを必ずしも明らかにはしていない。したがってロールシャッハ・テストの解釈を始める前に，どのような目的でテストが行われ，テスト実施時の状況はどうであったか，被検者と検査者との関係や，被検者の行動や状態はどうであったかという記録を参考にしなければない。

4-2．反応数の検討

　エクスナーが再テストによって変数を検討したところ，R（反応数）が13以下のプロトコルの変数は安定性を欠いていたので，13以下のプロトコルは，反応数が少なすぎて信頼できず，妥当な情報を得るための解釈ができないと述べている。したがって包括システムで解釈を進める場合，被検者のプロトコルの反応数が14以上であるかどうかを調べねばならない。なお健常成人と統合失調症者に関する本書の資料のすべては，拒否図版がない（包括システムでは図版の拒否を認めない）$R \geqq 14$ の被検者の資料に基づいている。

　包括システムによるロールシャッハ・テストを実施した結果，反応数が13

以下になったり，拒否が見られたりすれば，そのプロトコルの解釈は行わず，他の心理テストを実施することが勧められている。どうしてもロールシャッハ・テストからの情報が必要な時は，被検者に「今度はもう少し多く答えてください」と教示して，もう一度テストを行わねばならない。しかし臨床場面におけるテストの再施行は，被検者を疲労させたり，被検者と検査者との間のラポールをこわしたりするので，われわれはこの方法を用いていない。また励ましによってⅠ図の反応が2個になりながら，Ⅱ図とⅢ図にも1個しか答えない被検者もまれに見られるが，このような時，Ⅳ図あたりで，「時間は十分ありますよ」「急ぎませんよ」「ゆっくり見てください」「他に何か見えませんか」など，強制にならない程度に励ますことはエクスナーも行っている。

　また老人・知的障害者・精神障害者・非行少年・犯罪者などの中には，テストへの反抗や警戒心から反応数が少ないというよりも，パーソナリティの様式として反応の少ない者がいる。したがって臨床場面においては，$R \leq 13$ だからといって再施行が適切とはいえないし，時には $R \leq 13$ の資料や拒否図版のある記録からでも，有効な情報が得られることがある。例えば短い記録のほとんどがSx（性反応）であれば被検者の性的関心が強かったり，社会規範を無視しがちであると推測できるし，MOR（損傷内容）が多ければ，自己イメージが悪くて悲観的な思考をしていると推測できる。同様に短いプロトコルがW（全体反応）だけであるとか，ほとんどがDd（特殊部分反応）であるとか，不良形態水準（－）や，極端な体験型や，P（平凡反応）の欠如など，通常でない反応が見られる時は，それらを手がかりにして被検者のパーソナリティ特徴を推測することもできる。ワイナーがいうように「短い記録でも，ある点では役に立つ可能性を念頭におきながらも，一般に $R \leq 13$ の記録は，信頼できる情報を得られず，有効な解釈ができない事実を軽視してはならない」ので，包括システムの系統的解釈を行うにあたっては，R（反応数）が14以上見られるかを確かめねばならない。

4-3. R（反応数）　17～31（72％）
　　（$R \leq 16$　15％：R＝17～19　19％：R＝20～22　19％：
　　R＝23～25　15％：R＝26～28　11％：R＝29～31　9％：
　　$R \geq 32$　13％）
　（平均　23.51：標準偏差　6.90：中央値　22.00）

(平均　23.36：標準偏差　5.68：中央値　23.00)

エクスナーとエルドバーグ（2005）の資料のR＜17は26人（6％）で，R＞27は65人（14％）であり，われわれの資料の健常成人のR＜17は59人（15％）で，R＞27は106人（27％）である。

ロールシャッハ・テストの変数を解釈する時，R（Response：反応数）は重要な役割を占めている。とくに変数を％で示す場合には，Rが少ない記録の変数の％は，Rが多い時の％よりも数値が高くなる。したがってRが異なる被検者間のロールシャッハ・テストの結果を比較する場合は，このことを配慮して，変数の比較を慎重に行わねばならないし，ある特徴をもつ被検者と他の被検者の比較を行う時は，反応数に留意する必要がある。

また既述のようにRはテスト実施場面の物理的状況，被検者の心理状態，検査者の態度や教示などによっても異なってくる。さらにRが増加するとDやDdあるいはF（形態反応）などは増加するが，すべての変数が増加するわけではない。

通常，Rは被検者の生産性を表し，R≦16の人は，①テスト場面を権威的に受け取り，自己を暴露することを恐れ，テストへの防衛的態度を表していることが多く，②不慣れな場面を回避しようとする人で，不安を抱いていたり，自信欠如であったり，緊張しやすい傾向を表している。さらに，③抑うつ気分による意欲の減退，④狭い生活空間，⑤可塑性の欠如，⑥知能の低さなどを示すことがある。

R≧32のようにRが多い人は，①このテストの目的が能力（生産性）を調べるためだと思い，質よりも量を意識して多く答えようとしたり，②高揚した気分や，③空想（想像）を楽しむ傾向を表したりする。さらに，④Rが多くて形態水準が低い時は，感情を調節できず思考が奔逸となりやすい。また⑤形態水準の低下がなくてDd（特殊部分反応）が多い場合は，完全主義の傾向，強迫性，競争的態度を表したりする。

ここではRのもつ解釈仮説を取り上げたが，クロッパーが主張したように，ロールシャッハ・テスト結果の解釈は，1つの変数に対応した1つの解釈仮説からではなく，他の変数と関連させた「布置」として解釈しなければならない。つまり同じようにRが多い場合でも，ほとんどがo（普通）の形態水準でFC（形態色彩反応）が多い者は，完全主義の態度を伴う強迫傾向を示しがちなのに対し，－（マイナス）の形態水準が多く，CF（色彩形態反応）やC（純粋

色彩反応）が多い者は，完全主義というよりも，高揚した気分で現実への適切な判断力を失っていると推測される。このようにロールシャッハ・テストの変数の意味を推測する時，ある変数と解釈仮説が一対一の関係で対応しないことに十分留意しなければならない。包括システムにおけるステップ解釈やクラスターによる解釈は，布置的解釈を経験のみによって行わず，実証的・客観的に行う意図をもっている。

5．S-CON（自殺の可能性指標）

〔S-CON ≧ 8（陽性）　2人（1％）〕〔11人（2％）〕
（平均　3.56：標準偏差　1.56：中央値　3）

　ロールシャッハ・テストの場面における被検者の状態に問題がなく，Rが14以上であれば，どのクラスターから検討するかを定めるために，表1－2の「鍵変数に基づく解釈順序の戦略」に従い，該当する鍵変数を探索する。ただし現在の包括システムではこれに先立ち，15歳以上の被検者であれば，まず特殊指標のS-CON（Suicide Constellation Index：自殺の可能性指標）の値を検討している。エクスナーは，ロールシャッハ・テスト実施後，60日以内に自殺をしたクライエントの記録から，FV＋VF＋V＋FD＞2，色彩―濃淡ブレンド＞0，自己中心性指標＜.31，＞.44，MOR＞3など12の項目が自殺者に有意に多く見出されたことから，自殺者に特徴的な変数を集めた指標を提示している。なお方法論的には，S-CONはクラスターではなく，変数の配列である。

　被検者のS-CONの値が8以上の場合，S-CONの値が陽性となり，被検者が自己破壊の考えにとらわれている可能性が高いが，エクスナーとエルドバーグは「S-CONが8以上と高くて自己破壊的関心のない者も約25％あり，この傾向を知るには生活史，面接，テスト資料の調査が必要である」と述べている。また逆に6～7であっても，指標の初めの方の項目が該当する場合，自殺の可能性が高いこともある。

　しかしS-CONを構成する変数の基準値について，わが国の健常成人のes＞EAは54％，S＞3は34％見られるなど，アメリカの健常成人の場合よりも高く，自殺者や自己破壊的行動をとる者に関するわが国の資料も十分でなく，S-CONの指標の客観性はまだ確かめられてはいない。わが国の健常成人400人の資料では，S-CON≧8に2人（1％）が該当している。なおS-

CON＝7の者は8人（2％），S-CON＝6の者は32人（8％）である。
　しかし自殺は重大な問題であるから，S-CONの取り扱いは慎重に行うべきであり，現在，われわれはS-CON≧8のプロトコルの場合，プロトコルをもう一度見直し，生活史を検討し，クライエントと十分な面接を行うことにしている。すなわち面接によって被検者自身がこれまでに，自殺企図があったか，希死念慮を抱いたことがあるか，リストカットがあったか（ただし2001年のFowler, J.らの研究では，S-CONとリストカットとの相関はなかった）などを尋ねたり，近親者からの情報を得たりして，自殺の可能性を配慮し，クライエントや近親者に治療的にかかわるようにしている。とくに入院中のクライエントの場合は，主治医や看護師に，念のために注意を喚起するようにしている。

第2章

感　情

　感情のクラスターにおいては，①意思決定や行動に影響する感情の程度，②感情刺激の取り入れ方（感情を引き起こす刺激への関心の強さ，鈍さ，無関心などや，情緒的交流を求める程度や回避傾向など），③感情の処理の仕方（感情の適切な統制と調節，感情の無視や抑制，知性化など），④否定的な感情（衝動性，情緒不安定，高揚気分，焦燥感，抑うつ，緊張，怒り，葛藤，不安，無力感，過度の喜怒哀楽など）と混乱の程度，⑤感情に基づく特別な態度の有無（敵意や劣等感などから生じる態度など）などを検討する。このためには表1－4で示した16のステップの順で仮説を立てていく。

1．DEPI（抑うつ指標）とCDI（対処力不全指標）

　感情クラスターを構成する変数を検討する場合，特殊指標のDEPI（抑うつ指標）とCDI（対処力不全指標）の値を調べ，高すぎるかどうかを検討しなければならない。例えばエクスナー（Exner, J., 2003）は，①CDIの値が3以下でも，DEPIの値が6か7なら，心理的苦悩・抑うつ・行動の機能不全など重大な感情の問題が予想され，②CDIの値が3以下でも，DEPIの値が5なら，感情の混乱が生じる可能性があり，③CDIの値が4以上，DEPIの値が6以上なら，感情が混乱した状態にあるなどと述べている。とくに③のように，DEPIとCDIの値がともに高い場合は，感情が混乱し，その問題がかなり深刻であると考えられる。

　しかしS-CONでも触れたようにPTI，DEPI，CDI，HVI，OBSなどの特殊指標をわが国の被検者に適用する場合，これらを構成する変数の数値が，わが国の被検者とアメリカの被検者とで必ずしも合致しないので，これらの指標の数値を，わが国の被検者にそのまま用いることには問題が残っている。したがって今後，これらの指標の数値と解釈仮説について，わが国の被検者を対象にして再検討することが望ましい。ただし鍵変数によって検討していくクラスターの順序が異なっていても，解釈にあたり，すべてのクラスターを検討する点

に違いはないので，われわれはこれらの鍵変数となる指標に関してエクスナー（Exner, J., 2003）が述べた数値によって，クラスターを検討していく順序としている。

1-1. DEPI（抑うつ指標）　0〜4（80％）
　　　(DEPI ≦ 1　3％：DEPI＝2　16％：DEPI＝3　30％：
　　　　DEPI＝4　30％：DEPI＝5　14％：DEPI＝6　5％：
　　　　DEPI＝7　1％)
　　　(DEPI＝5　10％：DEPI＝6　4％：DEPI＝7　0％)
　　（平均　3.54：標準偏差　1.22：中央値　4.00）

　DEPI（Depression Index：抑うつ指標）は，7項目14の変数で構成されている。DEPIが高い値であるからといって，ただちにうつ病と診断することはできない。高い値のDEPIは情緒が混乱し，悲観的な認知をし，無気力で，挫折感を抱いている人に見られやすい。DEPIが高い人は，通常，①感情が混乱し，②情緒不安定で気分が変わりやすかったり，③憂うつな気分にとらわれたり，④心理的苦痛を訴えたり，⑤物事を悲観的に考え，⑥消極的・無気力で挫折感を抱きがちで，⑦緊張感や不安を抱いたりしがちである。なおR（反応数）が多く，色彩反応が多い時，とくにマイナス反応が多い場合は，軽躁的な感情状態を示すことが多いようである。

　DEPIの値とそれに対する健常成人の出現率は，上記の通りである。なお第1章で述べたように，*斜体文字（イタリック）*で表した健常成人の数値はエクスナーとエルドバーグ（2005）の最新の数値によっている。ただし統合失調症者の数値については，エクスナー（2001）の資料によっている。

1-2. CDI（対処力不全指標）　0〜3（71％）
　　　(CDI ≦ 1　20％：CDI＝2　25％：CDI＝3　27％：
　　　　CDI＝4　22％：CDI＝5　7％)
　　　(CDI＝4　7％：CDI＝5　2％)
　　（平均　2.68：標準偏差　1.27：中央値　3.00）

　CDI（Coping Deficit Index：対処力不全指標）は5項目11変数で構成されている。この中の7変数は対人関係への欲求の有無に関連し，2変数は情緒の回避や貧困を，2変数は統制力や対処力の乏しさを示している。

CDIの値が高い人は，他者との成熟した人間関係を作り維持する社会的技能（Social Skill）を欠き，不適切で無力な行動をとりやすい。彼らは，①漠然とした無力感があったり，②他者の気持ちに無関心・鈍感であったり，③他者を警戒したり，④受動的であったりして，⑤他者との間に距離をおき，表面的な関係しかもてないことが多い。

　ワイナー（Weiner, I., 1998）はCDIについて，後述するEA（現実体験：SumM＋WSumC）が低くてCDIの高い人は，資質がかぎられているために，教育・職業・人間関係などを適切に処理できないので，このような児童や青年には，早急に基本的な社会的技能訓練を行うことが効果的だと述べている。また彼は，かなり高いEAを示しながらCDIも高い人が，有能で業績をあげながらも，適切な人間関係の処理が苦手であり，不適切な社会的技能によって生活しているので，対人関係の不安を減少させる目的の治療や社会的技能訓練が役立つとも述べている。

　しかし包括システムのCDIの基準をそのまま用いると，DEPIの値と同じように，日本人のCDIの値はアメリカ人よりもかなり高くなる。これはCDIを構成する変数の中で，日本人のEAの値が，アメリカ人よりも一般に低いことなどにも影響されているからである。したがってEA＜6によってCDIが高い場合は，その意味を過大にとらず，慎重に解釈することが望ましい。なおCDIが高くEAが日本人の基準としても低い場合は，対人関係の場面で効果的な行動をとれないので，ワイナーがいうように対人関係に焦点づけた社会的技能訓練が望ましい。

2．EB（体験型）とL（ラムダ）

　エクスナーは被検者の感情の働きの情報を得る重要な変数として，EB（体験型）とラムダを取り上げている。

2-1．EB（体験型）

　EB（Erlebnistypus：体験型）はロールシャッハ（Rorschach, H., 1921）以来，形態水準とともに，最も重視されてきた変数の1つである。包括システムでも体験型は内向型（Introversive Style）・外拡型（Extratensive Style）・両向型（Ambitent Style）に分けられ，他のロールシャッハ・テストの体系と同じように，左辺のM（人間運動反応）と右辺の重みづけられた色彩反応

（WSumC）との比率に基づいて決定されるが，包括システムでは Cn（色彩名反応）の値を含んでいない。そして EA（Experience Actual：現実体験）が 10 以下なら両辺の差が 2 以上，EA が 10.5 以上ならその差が 2.5 以上で，左辺が高い時は内向型，右辺が高い時は外拡型とされる。両辺の値の差がこれに達しない場合は，両向型と呼ばれている。

エクスナーは L ≧ 1.00 のハイラムダ（High Lambda：高ラムダ）を考慮して，体験型について回避－外拡型，回避－内向型，回避－両向型という分類による解釈を行っている。しかしわが国の被検者のラムダの値はアメリカの被検者よりもかなり高く，健常成人で L ≧ 1.00 の者は 35.25 ％であり，L ≧ 1.00 をハイラムダと決められない。したがってわれわれは被検者が示す対処法として，現在のところ，このような分類や回避型を取り上げないで，ラムダの値については別個に検討している。またわれわれは，これまで収縮型と呼ばれてきた M ≦ 1 でかつ WSumC ≦ 1.5 の体験型を，収縮両向型と呼んでいるが，これがエクスナーのいう回避型に近いともいえる。なおエクスナーは M か WSumC のどちらかが 0 の場合，持続的な体験型というよりも，現在の通常でない感情状態を示すと述べている。次に内向型，外拡型，両向型の特徴を述べるが，臨床場面で解釈する時は，EBPer（EB Pervasive：体験型固定度）を考慮しなければならない。固定度の高い，超内向型や超外拡型については後述するが，次の体験型の数値はいずれも超内向型のように固定した体験型の数値も含んでいる。また，エクスナーとエルドバーグの資料では，450 人のうち 59 人（13 ％）が回避型とされていて，下の各項で示すように，内向型 38 ％，外拡型 31 ％，両向型 18 ％となっている。回避型を別個に考える前のエクスナーの資料では，内向型 36 ％，外拡型 44 ％，両向型 20 ％となっており，ともに両向型が少ない。

2-1-1. 内向型

　　　（健常成人　33 ％：統合失調症者　25 ％）

　　　（健常成人　38 ％：統合失調症者　71 ％）

ロールシャッハ以来，内向型の人は現実の刺激をそのまま受け入れず，感情が通常安定し，内省的で内面生活を送ることが多いといわれてきた。彼らは問題解決や意思決定にあたり，感情に支配されて短時間で直観的に判断をする方ではない。内向型の人は，個性的な知能や創造性を働かせながら，さまざまな見方や可能性を考え，最善と思う方法を選び，計画的に問題を処理しようとす

る。したがって最終決定にいたるまでの時間が長くなりがちである。彼らは，ややもすれば外界の出来事や外界からの批判を軽視して，自分の見方を重視するので，社会性に欠けることも多い。一般に内向型の人は，他者との会話をあまり好まないので，心理療法において症状が消失すると，治療を中断しがちだともいわれている。

　他の変数との関係で適応した内向型の人は，感情や行動を適度に抑制し，孤立することなく，適切な人間関係を維持するので，感情をあまり表現しない落ち着いた人という印象を与えやすい。他方，適応性を欠いた内向型の人は，外界への関心がなく，現実をまったく気にしないで空想世界に没頭するので，暖かい感情を示さず，行動することを好まない人と思われがちである。

　内向型は当然 M が WSumC より多いが，エクスナーは WSumC の値が 0 で M が 3 以上の場合，彼らは感情を抑制しており，通常ではない現在の姿を示していると述べている。また過度に M が多く WSumC の少ない被検者は，感情を抑制していたり，上述の傾向が極端に示される可能性が大きい。いちじるしい内向型については，後述の超内向型を参照されたい。

　なお体験型について，入院中の統合失調症者200人のエクスナー（2001）の資料は，ハイラムダの者を除いているが，220人の統合失調症者に関するわれわれの資料とは，上記の数値のように大きな差違が見られ，わが国の統合失調症者の体験型は，アメリカの統合失調症者と比べ，内向型の少ないことが目立つ。

2-1-2. 外拡型
　　（健常成人　14％：統合失調症者　41％）
　　　（健常成人　31％：統合失調症者　10％）

　外拡型の人は，現実からの刺激に敏感に反応し，問題解決にあたり自分なりに思考するよりも，感情に強く影響され，模倣的・紋切り型の考えによって直観的に判断し，さまざまな方法を試行錯誤的に行う傾向があり，感情を率直に表現しやすい。内向型の人が「考える人」とすれば，外拡型の人は失敗にこだわらない「反応し行動する人」である。外拡型の人は自分の感情を表現したり，感情を刺激される状況を好むので，一般に愉快な社交的な人という印象を与えやすい。また外拡型の人は外界の刺激や他者との話し合いを好み，心理療法の場面でも発言が多くなりやすいが，自己洞察的な心理療法になじまない。

　他の変数との関係で適応した外拡型の人は，外界からの刺激を適度に受け取

り，他者への暖かい関心をもつ社交的な人であり，他者の考えに同調したりしやすい。他方，適応性を欠いた外拡型の人は，内省に欠け，思慮を失い，情緒不安定で，時に感情を衝動的に表現しやすい。

　外拡型は WSumC が M より多いが，エクスナーは M の値が 0 で WSumC が 4.0 以上の場合，被検者は感情に圧倒され，感情が溢れていると述べている。外拡型の中で過度に WSumC が多い被検者は要求が多く，遠慮がなく，感情表現を適切に統制できず，衝動的になる可能性が大きい。これに関しては後述の超外拡型を参照されたい。なお内向型の所で述べたように，エクスナーは，統合失調症者に内向型が多いというが，わが国のこれまでの多くの研究結果と同じように，われわれの資料は内向型が少なく，外拡型が多いことを示している。

2-1-3．両向型

（健常成人　53％：統合失調症者　35％）

（健常成人　18％：統合失調症者　19％）

　エクスナーは両向型を必ずしも不適応な様式とは考えていないが，成人に少ない体験型であり，明確な対処様式を示さないので，意思決定や問題解決の効率が悪いと考えている。両向型の人は同じような状況において，ある時は感情のままに直観的な判断を下し，ある時は感情を抑え論理的な処理を行うというように，一貫した対処様式をもっていない。彼らは決定したことを変えやすく，自己イメージが明確でなく，問題解決において思考と感情のどちらを働かせるかが定まらないので，行動を予測しがたい。したがってエクスナーは両向型の人がストレスに弱く，問題場面や葛藤を適切に処理できないと，やや否定的に眺めている。

　しかし，われわれの資料では健常成人の両向型は 53％と高く，わが国の場合，両向型を否定的に考えることは，必ずしも妥当ではない。高橋・西尾 (1996) がいうように，日本の健常成人の体験型は超内向型（固定した内向型）と両向型が多く，健常成人に外拡型が多いというエクスナーの結果とは異なっている。したがってわれわれは，わが国の場合，両向型が，豊かな内面生活と，現実への関心を同時にもち，問題解決においては，思考と感情を適切に働かせ，状況に応じて可塑性のある行動様式をとれると考えている。そして自分の中に引きこもりすぎず，他者とも協調していけると考えている。このように状況に応じて対処様式を適切に変える可塑性をもつ両向型は，発達水準や形態水準が

良好で，平凡反応も普通に有している。これに対し，自分がどのような人間かを明確に理解できず，対処様式の一貫性の欠如によって適応性を欠く両向型は，発達水準に漠然反応が目立ったり，形態水準の低い場合に多いようである。繰り返すが，両向型にかぎらず，ロールシャッハ・テストの変数の解釈は一対一の関係ではなく，他の変数と関連させて解釈することが必要である。

2-2. L（ラムダ）　0.36 〜 1.50（71 %）
　　（L ≦ 0.35　14 %：L = 0.36 〜 0.43　6 %：
　　L = 0.44 〜 1.00　48 %：L = 1.01 〜 1.20　8 %：
　　L = 1.21 〜 1.50　9 %：L ≧ 1.51　15 %）
　（平均　0.96：標準偏差　0.88：中央値　0.78）
　　（平均　0.58：標準偏差　0.37：中央値　0.47）

包括システムでは，すべてのFをF以外の決定因子の反応数で割ったベック（Beck, S., 1949）のラムダ指標（Lambda Index：F/(R-F)）の変数に注目することが多い。L（ラムダ）は純粋形態反応（F）の割合を示す変数であり，内外からのさまざまな刺激を処理する方法，すなわち内外の出来事を取り入れる際に刺激を単純化したり，刺激に左右されたりする程度を表している。

Lについて，エクスナーはL ≧ 1.00をラムダの分割点としているが，上記の数値からも分かるように日本人のLはアメリカでの基準値よりも高い。エクスナーはL ≧ 1.00をハイラムダと呼び，成人の5%だけがこれに該当すると述べていた。しかし5%の基準をわれわれの資料に適用するとL ≧ 2.09と高くなる。なお統合失調症者でL ≧ 2.00の者は20%であり，健常成人の5%と比べていちじるしく高い。

わが国の被検者では上記のように，L（ラムダ）の期待値が0.36 〜 1.50の範囲となる。高橋・高橋・西尾（1998）では，エクスナーの基準も考慮して，53%の範囲を平均値とし，ハイラムダの分割点を1.18とした。今回の資料でも平均値や中央値はほぼ同じであったが，期待値として範囲を変更した。

L（ラムダ）が0.36 〜 1.50の範囲のわが国の被検者では，Lに特別の意味を考える必要はない。Lの値が期待値の範囲にある人は，内外の出来事に適切に気づき，適度の注意を向け，可塑性のある仕方で刺激を処理していける。彼らは刺激に過度に介入せず，感情的にならないし，十分な注意を払わないで刺激を表面的に処理することもなく，状況に応じた可塑的な対応が可能である。

L≦0.35などのローラムダ（Low Lambda：低ラムダ）の人は，「刺激に巻き込まれやすい」人であり，注意を集中するために刺激を単純化できず，さまざまなことに関心を向け，簡単な出来事もそのまま受け取れず，自分の欲求や感情やイメージで彩りがちである。またローラムダの人は自分の経験に敏感であり，周りの出来事を過度に意識しがちである。ローラムダが長所として示されると，①感受性が豊かで，自由な立場で物事を眺め，才能を発揮できるし，②構造化され規定された状況よりも，自由に行動できるような環境を好みやすい。しかし短所として表れると，①個性的・主観的な態度で現実を歪めたり，日常生活で形式を無視した行動をとったり，情緒の安定性を失いやすく，②単純で簡単な物事でも，考えすぎたり感情的になったりする。③このため事態を必要以上に複雑にし，決定すべき時でも決定できず，周りの出来事や自分の経験に適度の距離をおけないので，客観的に処理できないし，④過度の欲求や葛藤によって精神状態が混乱しやすい。

　他方，L≧1.51のようにハイラムダの人は，複雑であいまいな刺激も過度に単純化し，現実を歪めて知覚しやすい。エクスナー（2003）によると，ハイラムダには回避型（Avoidant Style）の反応スタイルの場合と，テスト状況での防衛的構えのいずれかが見られる。ハイラムダでR（反応数）が多く，EAが高いプロトコル（記録）は，被検者の身についた対処様式のことが多く，ハイラムダでRが少ないプロトコルは，テストへの警戒的・防衛的構えを表すことが多いようである。

　ハイラムダの人は，筒の中から外界を眺めるように，注意を向ける対象の範囲を狭め，視野を狭くして，外界の出来事や自分を眺めている。従来から形態反応（F％）が高いといわれている犯罪者・非行少年や一部の心身症者にハイラムダが目立っている。しかし知的に問題があったり，可塑性を欠いていたり，ストレス耐性の弱い人が，ハイラムダである時は，日常生活での複雑なことを避け，葛藤しないでいられるという利点がある。さらに内外からの強い圧力に直面して心的外傷を経験している人が，ハイラムダの形で心理的な目隠しをすることは，複雑な刺激を避け，心の安定を保つ防衛機制にもなる。

　ハイラムダの人は通常，①問題解決を回避しようとする逃避的態度や防衛的態度を示すことが多い。②ただし上述のように，テスト状況での防衛的構えから生じたハイラムダは，パーソナリティそのものよりも，テスト場面での要求からの逃避や反抗を表している。またハイラムダの人は，③いわゆるマニュア

ル人間として，複雑でなく十分に構造化された状況を好み，表面的な形式に従って非個性的・傍観者的行動をとりがちであり，④おかれた環境に形式的に従うので，過去や未来よりも現在に関心を向けたり，⑤自分の状態や外界の微妙なニュアンスを把握できず，人間関係での感受性を欠き，可塑性のない固執的な思考や行動を示したり，⑥新しいことをする自発性や創造性を欠きがちである。

3．EBPer（体験型固定度）

EBPer（EB Pervasive：体験型固定度）は，意思決定や問題解決への対処行動において，内向型か外拡型のいずれかの体験型が固定している程度を示している。固定度は EB が内向型か外拡型である場合，M か WSumC の大きい方を小さい方で割った数値であり，2.5 以上なら固定度があり，内向型あるいは外拡型の対処様式が支配的なことを表している。

EBPer が 2.5 未満の固定していない（適度の）体験型は，それぞれの体験型が表す様式に可塑性があり，状況に応じて，より適応した行動をとることができる。例えば固定していない内向型の人は，感情をまったく無視して観念的に物事を考えることはなく，熟考しても行動しないことがない。また固定していない外拡型の人は，感情による直観的な試行錯誤的行動を，状況によってはとらない可塑性をもっている。これに反し EBPer が 2.5 以上の固定した体験型の人は，その体験型の特徴が目立ち，可塑性があまり見られない。

われわれは固定度の見られる内向型を超内向型，外拡型を超外拡型と名づけている。さらに両向型の中で $M \leqq 1$ でかつ $WSumC \leqq 1.5$ のものは，従来，共貧型と呼ばれていたが，これを収縮両向型と名づけている。

3-1．超内向型
（健常成人　19％：統合失調症者　13％）
（健常成人　6％：統合失調症者　45％）

EBPer の値が 2.5 以上の超内向型の人は，現実をあまり配慮しないし，感情に動かされず，直観的に意思決定や問題解決をすることも少ない。この型の人は感情に動かされることを嫌い，他者との情緒交流を避け，自分の世界に引きこもる傾向がある。彼らは試行錯誤的な行動が効率的と思えても，そう考えるだけであって，実際に決断を下して行動することが少ない。超内向型の人は，

自分の感情と相手の感情を共有して交流できず，気分のままに気楽に行動しないので，強い情緒刺激に直面する時，これを処理できないで混乱しがちである。

わが国の健常成人では，内向型（超内向型を含む）の出現率が33％である中で，超内向型は19％である。したがって超内向型がただちに不適応を意味するわけではなく，Mの数や形態水準，孤立指標など他の変数も考慮して解釈しなくてはならない。

3-2. 超外拡型
（健常成人　8％：統合失調症者　29％）
（健常成人　4％：統合失調症者　8％）

EBPerの値が2.5以上の超外拡型の人は，意思決定や問題解決にあたり，感情に強く影響され，直観的・試行錯誤的に行動する傾向が強い。彼らは考えてから行動するよりも，気分のままに場あたり的な行動にはしりやすく，感情を衝動的に発散したり，感情を行動化しやすい。超外拡型の人であるから問題があるとはいえないが，不適応状態にある人に超外拡型が多いのは，これらの人が感情の統制力を失った状態を示すのであろう。

3-3. 収縮両向型
（健常成人　7％：統合失調症者　9％）
（回避型の健常成人　13％：回避型の統合失調症者　0％）

従来，共貧型（収縮型）と呼ばれていた，$M \leqq 1$ でかつ $WSumC \leqq 1.5$ のEBを，われわれは収縮両向型と名づけている。これはエクスナーがいうハイラムダで回避型の反応様式と共通する面がある。われわれの資料から見る時，収縮両向型の人の生活空間は狭く，興味の範囲がかぎられ，適切な感情表現をしにくく，自発性や自律性に乏しいことが目立っている。彼らのパーソナリティは硬く，内面生活に乏しく，現実への積極的関心も少なく，感受性に乏しいために，細かい感情を察知できず，行きあたりばったりの行動にはしりやすい。しかし変化の少ない生活環境において，与えられた行動を形式通りに行える長所がある。

4．eb（基礎体験）の右辺　1～4（67％）

（eb右辺＝0　12％：eb右辺＝1　19％：eb右辺＝2～3　36％：
　eb右辺＝4　13％：eb右辺＝5～6　14％：eb右辺≧7　7％）
（平均　2.88：標準偏差　2.21：中央値　2.00）
（平均　3.94：標準偏差　2.45：中央値　3.00）

　eb（Experience Base：基礎体験）はFM+m：SumC'＋SumT＋SumV＋SumYで計算され，わが国の健常成人では，右辺の平均値（Sum Shad：濃淡反応の合計値と呼ぶが，無彩色反応も含む）が2.88であり，左辺の平均値（FM+m）の平均値は4.80で，通常，右辺の数値は左辺の値よりも小さい。ebの右辺の値が左辺の値よりも大きい時は，被検者が精神的苦痛や不快な感情を伴うストレスを経験していることを表し，エクスナーは憂うつ，緊張，無力感，自己卑下，焦燥感，苦悩などの否定的な感情や，不眠や倦怠感のような身体の不調を示す人に見られると述べている。ワイナーは，このような状態にあっても，知的防衛や否認の機制を用いることで，自分の不快な感情に気づかない被検者がいるとも述べている。このクラスターではebの値を単独に考える必要はないが，上記の数値から見て，わが国の被検者で，ebの右辺＝0という人は，時に，せんさいな感情にやや欠ける可能性もある。次に感情のストレスを表すeb右辺の4つの変数について触れることにする。

4-1．SumC'（無彩色反応）　0～1（62％）

（SumC'＝0　33％：SumC'＝1　30％：SumC'＝2　19％
　SumC'≧3　19％）
（平均　1.39：標準偏差　1.43：中央値　1.00）
（平均　1.60：標準偏差　1.33：中央値　1.00）

　SumC'（Achromatic Color：無彩色反応）は，隠さずに外部に表して解消すれば効果的に処理できる感情を，表に出さないで内面化し抑制する傾向を表す。C'は被検者が経験している心理的緊張状態を示し，暗い気分，憂うつ，悲哀，焦燥などの不快な感情の存在を示唆する。エクスナーはC'が示す感情の内面化が，不安，緊張，悲哀，心配などの不快感を生じたり，身体化（Somatization）の原因となりやすいと述べている。他の変数でもいえるが，決定因子の解釈においては，形態との関係を配慮しなければならない。例えば

FC'はC'FやC'と異なり，被検者が感情を抑制していることに気づいていて，「いいたいことを意識して抑えている」ために焦燥感が生じた状態を表しがちである。これに対しC'FやC'に示される焦燥感や緊張は，被検者自身が何に起因するかに気づかないことが多い。

　わが国の被検者では，SumC'が0～1の場合はとくに取り上げる必要はないが，SumC'＝2については，内容や他の変数との関係を考慮してSumC'の意味を推測しなければならない。SumC'≧3のように高いのは，感情を過度に抑制し，悲しみ，暗さ，悲哀，不幸などを経験しがちである。高い値のSumC'に示される感情の抑制は，①感情を統制する自信がなかったり，②感情的になり混乱するのを回避するためであったり，③感情を他者と共有するのが不安であったりすることによるが，内面化された感情を解消できないために，通常以上に悩んでいることを表している。なおSumC'＝0で色彩反応が多くFCが少ない時は，自分の感情を抑制しなかったり，感情の自由な表現をいとわない可能性が大きい。

4-2. SumT（材質反応）　0（57％）
　　　（SumT＝1　29％：SumT≧2　14％）
　　　（平均　0.60：標準偏差　0.82：中央値　0.00）
　　　（平均　1.01：標準偏差　0.69：中央値　1.00）

　SumT（Texture：材質反応）はクロッパー（Klopfer, B., 1954）のcに類似したコードである。クロッパーによると材質反応は愛情欲求の処理の仕方を表し，cは身体接触のような未熟・未分化な幼児のような愛情への欲求を，cFは，身体接触のような幼児的で未熟な愛情への欲求が継続していることを，Fcは自分が抱く愛情欲求の認知と受容を表すと述べている。エクスナーの見解もクロッパーと基本的には異ならない。つまりSumT（材質反応）は他者に接近し親密になりたいという対人欲求や関心の程度を表している。

　エクスナーによると，アメリカではほとんどの健常成人が1個のT（材質反応）を答えるので，SumT＝1が健常成人の通常の値であり，このような人は他者との間に距離をおかない親密な情緒関係をもち，それを維持し増加させようとする。そしてSumT＝0であることは，用心深く，他者との間に距離をおき，対人不信感を抱いていたり，他者と親密な関係がなかったり，もとうとしないと考えられている。またSumT≧2の人は孤独感を抱き，親密さを求

める欲求が満たされず,他者との親密な関係を強く求めていることを示唆する。SumTが多く,愛情欲求によって親密な人間関係を求める人は,①幼少期から愛情欲求が満たされず孤独感が続き,暖かい人間関係を求めて他者と親密になりたいと望み,他者に愛着したり依存しようとして,愛情を求めている場合と,②愛する人との最近の別離など,情緒面の喪失体験の結果,親密な人間関係を求める,状況への反応として愛情を求める場合がある。ロールシャッハ・テストは現在の被検者の状態を示し,過去の状態について断定はできないので,SumTが多い時は,生活史の調査も必要である。

　ワイナーはSumT＝0の人が対人関係を必ずしも避けるわけではないが,他者と親密になりすぎるよりも,少し距離をおこうとするので,SumT＝0の人はSumT＝1の人と快適な関係をもてないだろうといっている。そしてSumTの高い人は,自分の要求を他者が受け入れて行動してくれると思いこみ,無差別に他者との密接な関係を求める結果,面倒な人間関係に巻き込まれることがあると述べている。

　ところで上記の数値を見ても分かるようにアメリカではSumT＝1が期待される値であって,SumT＝0の者は450人中86人で19％と少ない。しかしわが国の資料では,SumT＝0は健常成人の57％に見られ,SumT＝1は29％の出現率である。またアメリカ人でSumT≧2の者は450人中77人で17％であり,わが国では56人で14％である。この数値から見て,包括システムの解釈仮説に従って,日本人の場合もSumT≧2の人は,パーソナリティの特徴か,最近の人間関係の喪失によるかを別として,孤独を感じ,他者との親密な関係を強く求めていると考えられる。SumT＝1のほとんどの者は,愛情欲求に基づく他者との情緒関係をもち,それを維持しようとしているが,中には愛情欲求が満たされないと感じ,より親密な情緒関係を望む者も見られる。しかしSumT＝0の解釈仮説に従えば,日本人の対人関係は,心理的・身体的に他者と密着するのを好まず,少し距離をおくことになる。この点については他の変数と同じように一対一の関係で考えないで,他の変数や情報も参考にして総合的に解釈すべきである。例えばわが国の被検者は,Tと結合しやすい「毛皮」「敷物」などを答えても,濃淡を言語化しないことが多いので(これは愛情を求めたり親密になることを望みながらも,直接的な表現を避ける傾向を示すのかもしれない),このような内容の存在の有無を検討したり,H（人間全体反応），Isol Index（孤立指標），Fd（食物反応）などの他の変数

も考慮して，他者への愛情欲求や対人関心の程度を理解するべきである。少なくとも SumT＝0 であるからといって，ただちに他者に無関心で不信感をもつと考えるべきではない。

4-3. SumV（展望反応）　0（73％）
　　（SumV＝1　21％：SumV≧2　6％）
　　（平均　0.34：標準偏差　0.62：中央値　0.00）
　　（平均　0.35：標準偏差　0.77：中央値　0.00）

　SumV（Vista：展望反応）は，インクブロットの濃淡に基づく距離感の知覚という点で，クロッパーの FK に類似している。クロッパーは，FK が愛情に関連した不安を，内省的努力や洞察によって客観化しようとする試みや，問題に距離をおいて冷静に処理しようとする試みを表すと考えた。しかしベック（1952）は，SumV が自分が無価値な存在だという劣等感，不適切感，卑小感，不機嫌，不快感，自己破壊的な考え，抑うつ，無力感などを表すと述べている。エクスナーはベックに近い考え方であり，SumV が自分の否定的な側面を考えて内省し，苦痛を感じている状態を表すといっている。つまり SumV は，否定的で気がかりな自分の特徴をいろいろと考え，自分を批判し，内省することから生じる無力感や，劣等感などによる自己評価の悪さを示している。なお VF や V は，混乱した自己評価や無力感や不快感を示すと考えられる。

　したがって SumV は，自己を内省し，評価・点検し，自分の状態に目を向けて後悔したり，罪悪感によって自分を責めたり，自分を低く見ていることを表しやすい。しかし SumV が状況的に出現し，最近の出来事による罪悪感や恥の意識を表す可能性もあり，生活史を参照することも必要である。SumV が多くなる人ほど，後ろに下がって自分を眺め，自分自身や自分の行動を内省し，自分への否定的態度が強まり，不快感や不満から不安定な状態となり，自己嫌悪へと進んでいくと考えられる。エクスナー（1991, 1993）は心理療法が始まった段階で展望反応が出現するのは，心理療法の動機づけとなるが，SumV の解釈仮説から考えて，これが終了時にも存在するのは好ましくないと述べている。

4-4. SumY（拡散反応）　0（62％）
　　（SumY＝1　27％：SumY≧2　12％）

(平均　0.55：標準偏差　0.84：中央値　1.00)
(平均　0.97：標準偏差　1.20：中央値　0.00)

　SumY（Diffuse：拡散反応）はベック（1952）がいうように，活動性の欠如に伴う受動性や無力感，憂うつな気分を示し，不安，気遣い，緊張，不快感の状態を表すと考えられている。エクスナーによると，SumY はおかれた状況によって変化する不安定な変数であり，自分で統制できない状況というストレスから生じた無力感を表し，危機的状態にある人に多く見られる。多すぎる SumY は，ストレスを解決できず，環境に身を任せた受動性や絶望感，あるいは将来への不安や無力感，さらに心理的混乱を表す可能性が強い。

5．SumC'：WSumC　SumC'＜WSumC（79％）

　　　（SumC'＜WSumC　79％：SumC'＝WSumC　8％：SumC'＞
　　　WSumC　14％）

　わが国の被検者では，上記のように WSumC（重みづけた色彩反応）の値が SumC'（無彩色反応）の値よりも高い者が79％である。このように色彩反応が無彩色反応より多いのが通常であり，色彩反応が多いことが感情を適切に表出できる状態を示すといえる。これに対し SumC'の値が WSumC の値よりも高いのは，自分の感情を直接かつ適切に表現できず，感情を抑制し，これによって不安定な心理状態となり，不快感や焦燥感を経験していることが多い。SumC'が多いほど，抑制した感情に支配され，それに気づかないために，緊張や不安が高まり，時には抑うつ感が生じてくる。また感情を適切に表現できない場合，代償的に身体の機能不全が生じたりもする。

　また SumC'の値が高くて，同時に WSumC の値も高いプロトコルには，①上述のように感情を抑制しているので，何かの契機により感情を抑えきれずに行動化しがちの場合と，②感情刺激にきわめて敏感で情緒不安定な場合が見られるようである。

　なお既に SumC'に関する数値を取り上げたので，WSumC についての数値を参考のために次に示す。

WSumC（重みづけた色彩反応）　1.5〜5.0（70％）
　　　（WSumC＝0　4％：WSumC＝0.5〜1.0　12％：
　　　WSumC＝1.5〜2.5　31％：WSumC＝3.0〜5.0　40％：
　　　WSumC≧5.5　14％）

(平均　4.08：標準偏差　2.36：中央値　4.00)
(平均　4.54：標準偏差　1.98：中央値　4.50)

6. Afr（感情比率）　0.33～0.64（74％）

(Afr ≦ 0.32　13％：Afr ＝ 0.33～0.54　57％：
Afr ＝ 0.55～0.64　17％：Afr ≧ 0.65　14％)
(平均　0.48：標準偏差　0.16：中央値　0.45)
(平均　0.61：標準偏差　0.17：中央値　0.60)

　従来，Ⅷ～Ⅹ図の3枚の全色彩図版は，感情刺激への反応の程度を表すといわれているが，包括システムではⅧ～Ⅹ図の反応数をⅠ～Ⅶ図の反応数で割った値を Afr（Affective Ratio：感情比率）と呼んでいる。Afr が期待値（0.33～0.64）にあれば，感情を刺激する対象を適度に取り入れ，他者との交流を適切に行い，適度の感情をもって他者に反応することができる。これは心理療法への肯定的指標ともなる。

　Afr の値が低い人は，情緒刺激を避け，感情を刺激する対象への関心が少なく，感情を適切に処理できないので，感情に巻き込まれることを好まない。このような人は喜怒哀楽の感情表現が目立つ場面を好まず，感情表現の強い人との情緒交流を避けがちである。彼らの対人関係はぎこちなく，人間関係を回避したり，孤立しやすく，引きこもりがちになりやすい。ワイナー（2003）も「Afr の低い人は，愛情を示されると落ち着きを失い，周りの人が愛情や関心を行動で示したり，興奮した感情状態にある時，それに参加するよりも，その場面から離れようとする」と述べている。他方，Afr の値が高い人は，感情を刺激する対象に強くひかれ，感情を刺激されることを好み，過剰に感情を表現することを好むようである。

7. Intellectualization Index（知性化指標）　0～2（78％）

(Intellct ＝ 0　28％：Intellect ＝ 1　31％：Intellect ＝ 2　19％：
Intellct ＝ 3　11％：Intellect ≧ 4　11％)
(平均　1.57：標準偏差　1.61：中央値　1.00)
(平均　2.17：標準偏差　2.15：中央値　2.00)

　2 AB ＋ Art ＋ Ay からなる Intellect（Intellectualization Index：知性化指標）は，対象から生じる感情を直接取り扱うことを避け，知的な枠組みで感情

を処理する傾向を表している。これは望まない感情や衝撃的な感情を避けるために，感情を生じている問題や出来事と自分との間に距離をおき，現実を否認する機制である。エクスナーとエルドバーグによるとアメリカの健常成人でIntellect＞5の者は450人中35人（8％）であるが，わが国の場合400人中12人（3％）である。知性化は感情の衝撃を少なくしたり中和したりして，感情の存在を否定することで，自分を安定させる偽りの知的過程である。Intellectの高い人は，知性化が防衛の中核となっていて，多くの人が愛・怒り・喜び・悲しみ・快・不快などの感情を率直に表現する場面でも，理由をつけて本心を偽るような不自然な態度をとりがちである。例えば相手の人に激しい怒りを抱きながら，「君の将来を思って忠告するだけで，私は決して怒ってはいない」という人を第三者から見る時，それが口先だけで本心では怒っていると見えるような場合である。知性化の強い人は情緒的色彩をもつ世界から離れようとし，不自然で知的な考え方によって感情を偽るので，対人関係に失敗しやすいし，感情を表す言葉を使っていても，自分の本当の感情を適切に表現していないことが多い。

　次に参考のためにAB，Art，Ayの平均値をあげ，内容の意味にも少し触れるが，内容分析の詳細は第11章を参照されたい。

7-1．AB（抽象反応）　　0（86％）
　　　（AB＝1　12％：AB≧2　3％）
　　　（平均　0.18：標準偏差　0.47：中央値　0.00）
　　　　（平均　0.21：標準偏差　0.56：中央値　0.00）

　従来，AB（Abstract：抽象反応）は反応内容としてコードされていたが，包括システムでは，これを特殊スコアとしてコード化している。例えば「赤色と黒色が戦争を表しています」「黒色が悪寒を示しています」のように，色彩によって強い感情刺激を受け，それを他のもので象徴したり代用する反応がABである。ABは現実に生じそうな出来事や主題を，他のものに変えることで，自分の感情を直接取り扱ったり言語化するのを避け，知的に偽装していることが多い。ABは被検者が感情を直接取り扱うのを避ける機制が働いている。

7-2．Art（芸術反応）　　0〜1（77％）
　　　（Art＝0　41％：Art＝1　36％：Art＝2　16％：Art≧3　7％）

（平均　0.94：標準偏差　1.06：中央値　1.00）
　　　（平均　1.19：標準偏差　1.42：中央値　1.00）
「彫刻」「家紋」「標本」「装飾品」など，一般にArt（芸術反応）は，間接的な自己主張を示し，用心深さや，逃避的態度に関連している。

　包括システムではかつて「絵の具」「パレットの色」や色彩名などにも，反応内容のコードとしてArtをつけていたが，われわれはビグリオン（Viglione, D., 2002）と同じように，これらをArtではなく，Id（個性記述的内容）にコードしている。

7-3. Ay（人類学反応）　　0（78％）
　　　（Ay＝1　17％：Ay≧2　5％）
　　　（平均　0.27：標準偏差　0.55：中央値　0.00）
　　　（平均　0.56：標準偏差　0.69：中央値　0.00）
「始祖鳥」「タージマハル」「弥生式土器」などのAy（Anthropology：人類学反応）とコードされる反応内容は，被検者が生活している社会や時代から離れて存在する対象の知覚であり，自分と対象との間に距離をおくことで，感情を抑制する反応である。

8．CP（色彩投影）　　0（100％）

　　　（平均　0.00：標準偏差　0.00：中央値　0.00）
　　　（平均　0.01：標準偏差　0.11：中央値　0.00）
　かつてピオトロウスキー（Piotrowski, Z., 1957）は，CP（Color Projection：色彩投影）が，自然に生じて深く感じている悲しみを抑制して，平静に感じようとつとめ，表だった行動では幸福そうにふるまおうとする意識された努力を表すと述べた。またワイナー（2003）は，黒色や灰色を有彩色で答えるのは，不快な刺激を明るいものに変えようとしており，CPは望まない感情や不快な出来事を否定し，意図的に明るくふるまう傾向を表すと述べている。

　このように，CPは落ち着いていたり陽気であっても，心の中に暗い不快な感情を抱き，その存在を意図的に否定する人に見られる。これは現実を無視しているので，感情調節が適切に行われず，強いストレス下では隠された感情が表にでやすい。しかしCPが健常成人に生じるのは，きわめてまれである。

9. FC : CF+C（形態色彩反応：色彩形態反応＋純粋色彩反応）
FC ≧ CF+C か　C がなくて FC ＋ 1 ＝ CF+C（72％）

健常成人（FC＞CF+C　38％：FC＝CF+C　19％：
FC＜CF+C　44％）
統合失調症者（FC＞CF+C　15％：FC＝CF+C　16％：
FC＜CF+C　70％）

　FC：CF+C の比率は感情を統制する程度を表すと考えられている。次の Sum Color で述べるように，FC は安定し統制された感情を，CF と C はどちらかというと強い感情が統制されていないことを示している。したがって従来，健常成人の場合は，FC＞CF+C が望ましいとされ，FC が CF+C より多いことが感情の発散を統制し，感情表現を適度に調節し，喜怒哀楽の感情を状況に適した形で表現できると考えられてきた。

　わが国の健常成人の 57％は FC ≧ CF+C を示しており，この仮説に従えば，彼らは適切な適応水準で感情を統制したり表現しているといえる。しかし FC が多すぎて，CF がまったく見られないのは，感情を過度に統制しているとも考えられ，これが子どもに見られる時は，過度にしつけられて，感情を自由に表現していない状態を示し，望ましい姿ではない。

　わが国の健常成人の資料を見ると，上記の数値のように CF+C＞FC の者は 44％であり，CF+C が FC よりも 1 個多く，C を伴わない者は 15％であった。これに対し，わが国の統合失調症者では，上記のように FC＜CF+C の者は 70％と多くなっている。このことからわが国の健常成人で，感情を適切に調節できる指標としては，FC ≧ CF+C とともに，CF+C ＝ FC ＋ 1（ただし C が見られない時）ぐらいの数値と見る方が適切である。したがって CF+C ≧ FC ＋ 2 の場合（健常成人の 27％）が，感情の統制について注目すべきである。彼らは自分の感情に気づきにくく，他者の感情を理解しにくく，自分の感情を調節することができず，感情をそのまま表現しがちである。

　なお FC：CF+C について，われわれの数値（左欄）とエクスナーとエルドバーグ（2005）の数値（右欄）を比較すると表 2 − 1 のとおりである。

　さらに他の変数と同じように，FC と CF+C の比率を理解するには，CF+C の内容に注意することが大切である。例えば，質問段階で適切に形態に言及しないので CF とコードされた「花」と，色彩を強調して CF とコードされた

表 2 − 1　FC：CF+C

	人数	%	人数	%
FC ＞ (CF+C) ＋ 2	40	10 %	68	15 %
FC ＞ (CF+C) ＋ 1	90	23 %	118	26 %
(CF+C) ＞ FC ＋ 1	109	27 %	117	26 %
(CF+C) ＞ FC ＋ 2	48	12 %	62	14 %

「流れる血」や「ガスバーナーの炎」とでは，感情調節についての意味が異なるからである。また健常成人でCが見られるのは，Cn（Color Naming：色彩名反応（Cn）ではなく，「色彩がサーカスの華やかさを表す」のように，かなり推敲され知性化の機制をもつ反応が多いといえる。

10.　Sum Color（全色彩反応）　2～6（75 %）

　　（Sum Color ≦ 1　12 %：Sum Color ＝ 2～3　33 %：
　　Sum Color ＝ 4～5　31 %：Sum Color ＝ 6　11 %：
　　Sum Color ≧ 7　14 %）
　（平均　4.08：標準偏差　2.36：中央値　4.00）
　　（平均　5.95：標準偏差　2.47：中央値　6.00）

　Sum Color（全色彩反応：FC+CF+C+Cn）は，「環境（他者）からの情緒刺激に反応する程度」を表すと考えられ，色彩反応は全体として，①感情の安定性，②感受性，③感情表現の仕方と調節，④他者との接触の仕方，⑤外界と自己を区別する能力，⑥思考・感情・行動への統制力などに関連している。次に個々の色彩反応の変数の数値と解釈仮説をあげる。

10-1.　C（純粋色彩反応）　0（88 %）
　　（C ＝ 1　10 %：C ≧ 2　2 %）
　　（平均　0.14：標準偏差　0.40：中央値　0.00）
　　（平均　0.17：標準偏差　0.45：中央値　0.00）

　わが国の健常成人でC ≧ 1 の者は 12 %であるが（後述するようにArtやABを伴うCがほとんどである），統合失調症者では 25 %と高く，Idを伴うCが多い。多くの研究によると，C（Pure Color Response：純粋色彩反応）の出現はまれであり，精神障害者や児童に多く見られる。Cを答える人は，感情を刺激されると，激しく感情を表現し，現実を無視した無思慮な行動にいた

りやすい。つまりCは，①感情の統制を放棄した激しい感情表現や，いちじるしい衝動性や興奮性，②未成熟で幼稚な感情反応を示したりする。

Cも内容と関連させて解釈することが大切であり，「芸術作品」「春」「遊園地」「愛情」などArtやABを伴う反応は，感情表現を知性化する傾向を表し，「血」「内臓」「炎」などの内容は，感情の統制を失いやすく，不適切な行動にはしる可能性が大きいようである。なおガコーノら（Gacono, C. et al., 1990）によると，「赤色がクリスマスを表す」のような，CとABの結合した反応は，色彩が感情に関連し，ABが知性化に関連するので，解離の機制やヒステリー傾向に関係するとも述べている。

10-2. CF（色彩形態反応） 1～3（68％）
　　（CF＝0　17％：CF＝1　27％：CF＝2　25％：
　　　CF＝3　16％：CF≧4　15％）
　　（平均　1.98：標準偏差　1.57：中央値　2.00）
　　 (平均　2.80：標準偏差　1.64：中央値　3.00)

わが国の健常成人でCF≧4の者は15％であり，統合失調症者では31％である。CF（Color-Form：色彩形態反応）は，色彩優位な形態反応であり，感情的になりやすく，感情を表現することを好むが，現実を無視するほどではない。つまりCFは，①活気のある自由な感情，②統制困難な感情，③調整が不十分な感情表現，④行動を遅延させる能力の低さなどを表す。既述のように多くの研究は，FC＞CFが望ましいと述べているが，われわれの資料では，その差が1，時には2ぐらいでも，内容や他の変数との関係で問題でないことが多い。他の変数との関係でCFが長所として表れる時は，①明るい気分，②他者への関心，③自由な感情表現，④自発性などを反映する。他方，CFが短所として示される時は，①不安定な情緒，②欲求不満耐性の欠如，③統制を失った感情表現，④攻撃行動，⑤自己中心性などに関連している。

10-3. FC（形態色彩反応） 1～3（67％）
　　（FC＝0　19％：FC＝1　25％：FC＝2　25％：
　　　FC＝3　17％：FC＝4　8％：FC≧5　7％）
　　（平均　1.97：標準偏差　1.63：中央値　2.00）
　　 (平均　2.97：標準偏差　1.78：中央値　3.00)

FC（Form-Color 形態色彩反応）は，形態優位な色彩反応であり，感情的に反応しても，現実を配慮している状態を表している。したがって FC は，①安定した感情，②他者との適切な情緒関係（ラポール形成能力），③現実への適切な情緒反応（感情表現の適切な抑制・調節・遅延），④衝動の抑制などを表す適応した指標と考えられている。しかし FC≧4 のように高く，CF や C がまったく出現しないのは，感情表現を抑制したり，控え目に示したり，感情表現を社会規範に合致させようとしすぎる可能性がある。このような人は感情を儀礼的に示したり，感情を抑制する強迫的な人であったり，人間関係で緊張しがちで，形式的になりやすく，外面を飾る人であったりする。とくに既述のように，青年や児童で FC が多すぎるのは，同年齢の者よりも控え目な仕方で感情を経験したり表現しがちで，自発性を欠くことが多いといわれている。成人で FC が多すぎる場合は，自分自身は成熟していると思っているが，仲間からは異質な存在と見られ，孤立しがちであったりする。FC の意味についても，例えば FC－が自分では理性的に感情を統制しているつもりでも，客観的に見ると適切な統制がなされていないことを表すように，他の変数との相互関係を考慮すべきはいうまでもない。

10-4．Cn（色彩名反応）　0（100％）
　　（平均　0.00：標準偏差　0.00：中央値　0.00）
　　　（平均　0.00：標準偏差　0.07：中央値　0.00）

Cn（色彩名反応）は，幼児では色彩の名前を覚えた知的達成感や自尊心などを表し，幼児期にかなり出現するが，通常，学童期には消失する。Cn を答える健常成人は，情緒刺激に圧倒されて感情の統制を失いやすく，複雑な刺激を統合しにくいことを示し，器質障害のある人や統合失調症者などに生じやすい。Cn が成人に見られる時は，①急激な感情の変化，②持久力の欠如，③無力感の存在，④他者との一時的で浅い情緒関係などに関連し，適応上の問題を示しやすい。

11．S（空白反応）　　0〜4（77％）
　　　（S＝0　10％：S＝1　18％：S＝2　20％：S＝3　18％：
　　　　S＝4　11％：S＝5　12％：S≧6　12％）
　　（平均　2.92：標準偏差　2.04：中央値　3.00）

(平均　2.37：標準偏差　1.97：中央値　2.00)

　S（Space：空白反応）について，ロールシャッハは頑固，偏屈，否定性，反抗性などの「反抗傾向」を表すと述べている。エクスナーは，Sが敵意を表す感情と関連し，周囲への怒りや反発心の強さを表し，単なる反抗傾向というよりも，心の中に大きな怒りや憎しみを抱え，物事を否定的にとらえる態度をもつと述べている。その基準としてエクスナーとエルドバーグ（2005）は，S≧4が多い場合に該当し，Sがプロトコル全体にわたり出現している場合に，上記の傾向が強まり，強い怒りが蓄えられていると述べている。なお彼らはⅠ図の「仮面」やⅡ図の「ロケット」などの出現しやすいSは，こうした否定的態度に関係がないともいっている。

　わが国の被検者の場合，S≧5のように，Sを多く答える人は，無意識のうちに怒りや恨みの感情を抱きがちで，その結果，焦燥感をもち，怒りっぽく，反抗的であり，対人関係に必要な妥協をしにくいと考えられる。しかし期待値内のSは，可塑性・自立性・意志の強さ・自己決定性など，むしろ肯定的な意味をもつことが多い。またエクスナーもいうようにⅠ図の「動物の顔」はわが国ではC（共通反応）となるほど出現しやすく，Ⅱ図の「ジェット機」「宇宙船」なども出現しやすい反応内容であり，これがただちに怒りの感情を意味するとはいえない。Sが有する意味を識別するには，被検者のテストへの態度，出現図版や出現領域，反応の形態水準や叙述の仕方，プロトコル全体の形態水準や体験型などの検討が必要である。例えばテストへの態度が消極的・反抗的・投げやりか，それとも協調的か，SがⅠ図やⅡ図など初めの図版だけに出現するのか，Sが比較的生じやすいⅡ図やⅦ図のSなのか，プロトコル全体にわたりSを答える傾向が強いのかなどを考慮すべきである。とくに日本人は「顔」を答えやすく，Sに「目」を答えがちであるが，Sの領域は「目」が出現しやすい領域か，Sの「目」を「見つめている目」「怖い目」などと推敲しているのかなどに注意しなければならない。いずれにしてもS≧5と高い値は，怒りを適切に処理できず，不満や不快感が強くなり，環境からの疎外感を抱いたり，外界刺激を否定的に受け取る態度をもちがちで，自分を抑えて他者に譲ることが困難なようである。なお怒りの感情については，それを行動に直接表す者もいるが，怒りを内に秘めたり，間接的な形で怒りを表す者もいる。怒りや反抗性を自己主張の形で外に表すのは外拡型に生じやすく，怒りを自己に向け反抗性を抑えるのは内向型に生じやすいが，怒りの感情を制止している

ことが SumC' の多さに見られたり，低い Afr に示されたりもする。

12. Blends（ブレンド） 1～4（72％）

（Blends ＝ 0　9％：Blends ＝ 1　20％：Blends ＝ 2　20％：
Blends ＝ 3　17％：Blends ＝ 4　15％：Blends ＝ 5　8％：
Blends ≧ 6　12％）
（平均　2.98：標準偏差　2.18：中央値　3.00）
　（平均　5.56：標準偏差　2.55：中央値　5.00）

　エクスナーによると，Blends（ブレンド）は「心理的複雑さ」の程度を示し，ローズら（Rose, T., 2001）は，「問題解決にあたって，考える時に，感情が入り込んでしまう程度」と説明している。わが国の健常成人の 92％は，プロトコルに 1 つ以上のブレンドを示しており，プロトコルに 1～4 つのブレンドがあるのは，刺激に適切な注意を向け，思考と感情をともに働かしていることを示している。これに対しブレンドがまったく見られないのは，精神の働きがやや単純であったり，可塑的な見方ができなかったり，知的に劣っていたり，精神的に未成熟な可能性もある。
　多すぎるブレンドは，刺激から強い影響を受け，知覚対象が多くのイメージを引き起こし，思考に感情が入り込み，一貫した態度で意思決定ができず，行動が一貫しにくいという点で，心理機能が複雑なことを示している。またブレンドが多すぎる人は，刺激からさまざまな影響を受けやすく，一貫した態度で意思決定ができず，感情の統制を失いやすい。したがってブレンドが多い人は心理的に複雑な人であり，①高い知能をもち，刺激をさまざまな側面から統合しようとする場合と，②ストレス・欲求・葛藤によって思考や感情が混乱し，心理機能が低下している場合とがある。なお健常成人における反応数に対するブレンドの数値（Blends/R）は次の通りである。
　平均　0.13：標準偏差　0.10：中央値　0.11
　平均　0.24：標準偏差　0.10：中央値　0.24

12-1. m や Y の Blends（ブレンド）

　ブレンドの中に m や Y が含まれているのは，被検者が状況から生じたストレスにさらされている状態に関連し，心理機能が複雑になっていることを示している。

12-1-1. m の Blends（ブレンド）　0～1（74％）
　　　　（m の Blends＝0　　41％：m の Blends＝1　　33％：
　　　　　m の Blends＝2　　19％：m の blends≧3　　8％）
　　（平均　0.94：標準偏差　0.99：中央値　1.00）

　m（無生物運動反応）は被検者が外部からのストレス下にあるという感覚を表している。m については，第3章「統制とストレス耐性」を参照されたい。

12-1-2. Y の Blends（ブレンド）　0（76％）
　　　　（Y の Blends＝1　　19％：Y の Blends≧2　　5％）
　　（平均　0.29：標準偏差　0.56：中央値　0.00）

　Y（拡散濃淡反応）もストレス状態におかれた経験を示すが，自分が統制できない無力感に関連する。そして m が多い場合は思考の混乱を，Y が多い場合は感情の混乱を表すことが多い。Y については本章4－4の「SumY」を参照されたい。わが国の健常成人で，m のブレンドのある者は236人（59％），Y のブレンドのある者は95人（24％）である。

12-2. Blends（ブレンド）の複雑さ

　エクスナー（2000）によると，ブレンドのおよそ3/4は，2つの決定因子だけで構成され，約1/4が3つの決定因子で構成され，4つ以上の決定因子で構成されたブレンドはきわめてまれである。われわれの健常成人の資料では，決定因子が3つ以上のブレンドを答える被検者は138人（35％）である。3つ以上の決定因子で構成されたブレンドが多いのは，心理機能が複雑になり混乱した状態を示すので，思考と感情が互いに影響し混乱していないかの検討が望ましい。

12-3. Col-Shad Bl（色彩濃淡ブレンド）　0（73％）
　　（平均　0.34：標準偏差　0.62：中央値　0.00）
　　（平均　0.67：標準偏差　0.93：中央値　0.00）

　従来，Col-Shad Bl（Color Shading Blends：色彩濃淡ブレンド）は自殺の指標としても注目されてきた。このブレンドは，同じ対象に対する，楽しく明るい感情と不快で憂うつな感情という対立した感情を調節できず，感情が混乱して不安定になり，無力感を抱いた状態を表し，混乱した感情を示している。これは色彩反応が示す肯定的感情（快の感情）と濃淡反応（無彩色反応を含む）

が示す否定的感情（苦痛の感情）を，同じ知覚対象に同時に経験しているからである。

　色彩濃淡ブレンドを示す人は，他者や出来事に自分が抱く感情を，区別して明白に経験できず，さまざまな感情を同時に抱くので，感情が混乱し，自己不確実な状態になりやすい。ワイナーがいうように，彼らは「晴れた日に嵐がこないかと心配する人」でもあり，楽しさを感じている時でも，それが長続きしないと思い，幸福に感じたり愉快に生活することができないので，人間関係において気遣いや不安が強くなりがちである。

12-4．Shad Bl（濃淡ブレンド）　0（95％）

　わが国の健常成人でShad Bl（濃淡ブレンド）を答える者は5％であり，FT.FC'やFV.Yのように濃淡の決定因子によるブレンドは通常出現しない。エクスナーによると，Shad Blはストレス状況によって感情が混乱していることを表し，1つ出現しても，激しく苦痛に満ちた情動の存在を示している。この大きな苦痛は感情の中で支配的となり，思考にも影響してくる。なお既述のように，包括システムでいうShad Blの数値は，ebの右辺の決定因子のすべてを含みT，V，Yだけではなく C'も含んでいる。

第3章
統制とストレス耐性

　人は生きているかぎり，おかれた状況から生じるさまざまな刺激や要求に直面し，それらを処理していくが，状況の求めるところに合致し，その人にも満足できる行動を決定し実行することが統制である。統制は個人が有している資質（感情や思考や知的機能などの認知的能力全体）と，それを利用できる能力に関係し，また要求や刺激の強さにも影響されるが，統制力が増すとストレス耐性も増加してくる。このクラスターで取り扱う変数は，表1－4で示したように，以下の5つのステップの順序で仮説を立てていく。これらのステップに属する変数の値が期待値にあれば，通常，外界からの要求や内的欲求を適切に処理できて，ストレスを体験することが少ないといえる。

1．Adj D（修正Dスコア）とCDI（対処力不全指標）

1-1．Adj D（修正Dスコア）　－1～＋1（78％）
　　（Adj D≦－2　10％：Adj D＝－1　14％：Adj D＝0　50％：
　　Adj D＝＋1　14％：Adj D≧＋2　13％）
　　（平均　0.03：標準偏差　1.35：中央値　0.00）
　　（平均　0.19：標準偏差　0.83：中央値　0.00）

　エクスナー（Exner, J., 2003）によると，第4章「状況関連ストレス」で詳述するDスコアが，被検者の現在の統制力やストレス耐性を表すのに対し，Adj D（Adjusted D：修正Dスコア）は状況からのストレスの影響に関係な

表3－1　Adj D

	日本人		アメリカ人	
	人数	％	人数	％
Adj D＞0	104人	26％	122人	27％
Adj D＝0	200人	50％	283人	63％
Adj D＜0	96人	24％	45人	10％
内　Adj D＜－1	40人	10％	14人	3％

く，本来有している資質の程度を表し，統制力を最も直接的に示している。

　Adj D が 0 の値の場合，被検者のパーソナリティはよく統合され，日常生活で普通に生じるストレスへの耐性をもち，さまざまな刺激や要求を効率的に処理する資質を有している。そして Adj D がプラスの値の人は，通常，豊かな資質をもち，ストレス耐性も強く，統制力があるので，感情は安定し衝動的になることが少ない。しかし時に，なんらかの症状や問題行動を明らかに示しているのに，Adj D がプラスの人が見られる。これは症状や問題行動が自我同調的に形成されていて，他者から見て問題となることにも，あまり悩まず，自分を変えることへの動機づけが低い可能性がある。したがって Adj D がプラスの患者は，症状が悩みとならないので，治療がうまく進まないことがあるといわれている。

　他方，Adj D の値がマイナスの人は，内外からの刺激や要求が強すぎ，ストレスが続いた状態により，潜在的な問題をもつ可能性がある。彼らは誤った判断をしたり，感情的になったり，自分自身に不満を感じ，効果的でない行動をとりやすく，ストレスへの対処力が低くなっている。彼らは決まりきった，構造化された環境では適切に機能するが，状況が変わると混乱しやすい。とくに Adj D ≦ －2 の場合，決まりきった状況だけに適応できる脆弱なパーソナリティの人が多い。彼らは強いストレスや長期間続くストレスによって，不安・不快・焦燥・憂うつなどの苦悩が慢性化しているので，わずかなストレスによっても，激しく動揺し，非効率的な行動をとりやすい。彼らは適切に思考できず，情緒の安定性を失って衝動的になるので，課題をうまく処理できず，予測できない行動をとりやすい。

　しかし前頁の数値を見ても分かるように，わが国の健常成人の Adj D の値は，アメリカ人よりもマイナスの者が多いが，これは EA の値がアメリカ人よりも低いことにもよっている。したがって Adj D がマイナスだからといって，ただちに資質になんらかの問題があるとは断定できない。わが国の被検者で Adj D ＝ －1 を示す者の多くも，エクスナーのいう Adj D ＝ 0 の意味をもつことがあり，Adj D ≦ －2 の人が脆弱な資質を示すようである。すなわち Adj D ＝ －1 であっても，EA の値が日本人の期待値にある場合などは，通常の日常生活では適切に行動していて，内外からの要求が強く複雑になると，統制が弱まって混乱すると考えられる。

　Adj D ではとくに EA と es，EB と eb，CDI などの変数との関連で，Adj D

の数値がその人の統制力を正確に表しているかどうかを調べねばならない。Adj D の値は EA － Adj es に基づくので，低い EA や高い Adj es の場合は Adj D の値が低くなるし，高い EA や低い Adj es の場合は Adj D の値が高くなることを考慮して，この変数を解釈しなければならない。

1-2. CDI（対処力不全指標） 0 〜 3 (71 %)

(CDI ≦ 1 20 %：CDI = 2 25 %：CDI = 3 27 %：
CDI = 4 22 % CDI = 5 7 %)
(CDI = 4 7 %：CDI = 5 2 %)
(平均 2.68：標準偏差 1.27：中央値 3.00)

社会的技能に関連する CDI については，第 2 章「感情」を参照されたい。

2．EA（現実体験） 4.0 〜 10.0 (70 %)

(EA ≦ 3.50 13 %：EA = 4.0 〜 8.0 54 %：
EA = 8.5 〜 10.0 17 %：EA ≧ 10.50 17 %)
(平均 7.14：標準偏差 3.40：中央値 6.50)
(平均 9.37：標準偏差 3.00：中央値 9.50)

　EA（Experience Actual：現実体験）は M（人間運動反応）と WSumC（重みづけた色彩反応）の値の総計である。EA は意思決定や問題解決を適切に行うための資質や，思慮のある対処行動がとれる能力を表し，自我強度にも関連する。EA ≦ 3.50 のように低い場合，利用できる資質がかぎられ，発達が阻害されていたりして，ありふれた日常生活の明確な状況では，普通に機能しても，些細なストレスにも耐えられずに問題を起こしやすい。他方 EA の値が高い場合は，豊かな反応ができる資質をもち，内外からの要求に対処できる適応性が高く，優れた業績をあげる可能性がある。しかし EA が高くても，M か WSumC のいずれかに偏る時はこの解釈が該当しなくなる。Adj D についても，EA の解釈においても，一対一の意味づけをしないで，それを構成する数値や他の変数との関係を考慮して解釈をする必要がある。

　なお後述のように，es（刺激体験）は内外の出来事から生じ，明確には気づかない欲求・感情・思考が引き起こす内的緊張の程度を示し，EA ＞ es が健康な状態であるといわれている。しかし，わが国の健常成人における EA と es の関係は次のようであり，EA ＜ es の者も多い。したがって，EA ≧ es の

者とesがEAよりも高くても，その差が2ぐらいまでの者（健常成人の66.5％）は，とくに問題といえない。またesの中で状況の影響を受けやすいmとYを修正したAdj esと比較した数値も参考として次にあげる。

EA＞es　　166人　　42％　　　EA＞Adj es　　194人　　49％
EA＝es　　 17人　　 4％　　　EA＝Adj es　　 15人　　 4％
EA＜es　　217人　　54％　　　EA＜Adj es　　191人　　48％
　EA＋2≧es　　　67％

3．EB（体験型）とL（ラムダ）

　高いEAが良好な資質を表すかどうかは，EBの両辺のいずれかが0でないだけではなく，L（ラムダ）の値をも考慮すべきである。Lが高いのは，明白な刺激だけを取り上げ，複雑な出来事を回避する傾向を表すので，EAの値が高くても良好な資質をもつとはいえない。

3-1. EB（体験型）の両辺

　EAの値が高くても，これが統制とストレス耐性への良好な資質を表すかどうかは，上述のように，反応全体やEBを構成する変数を考慮しなければならない。例えばMの形態水準や内容，FCとCFの数値や比率，Cの存在などによって，その有する意味が異なってくる。とくにEAを構成するEB（体験型）の両辺の値の検討が必要であり，体験型（M：WSumC）の両辺のどちらかが，0や1の値の場合，EAが高くても，EAが通常有している意味がなくなる。すなわちMが少なくてWSumCが多い場合，被検者は感情に押し流され，感情が変わりやすく，思考や行動が衝動的になりやすい。この傾向は，とくにCFやCが多い時に強められる。他方，WSumCが少なくてMが多い場合，感情を抑えるためにエネルギーを使うので心理機能が低下し，外界よりも内面生活に関心が向き，考えすぎとなりやすい。なおEB自体のもつ意味の詳細は第2章「感情」を参照されたい。

3-2. L（ラムダ）　0.36〜1.50（71％）
　　（L≦0.35　14％：L＝0.36〜0.43　6％：
　　L＝0.44〜1.00　48％：L＝1.01〜1.20　8％：
　　L＝1.21〜1.50　9％：L≧1.51　15％）

(平均　0.96：標準偏差　0.88：中央値　0.78)
(平均　0.58：標準偏差　0.37：中央値　0.47)
ラムダについては第2章「感情」を参照されたい。

4．es（刺激体験）と Adj es（修正刺激体験）

4-1. es（刺激体験）　4〜11（70％）
　　　（es＝0〜1　3％：es＝2〜3　11％：es＝4　8％：
　　　es＝5〜7　30％：es＝8〜10　27％：es＝11　5％：
　　　es≧12　17％）
（平均　7.68：標準偏差　4.02：中央値　7.00）
(平均　9.55：標準偏差　4.01：中央値　9.00)

　es（Experienced Stimulation：刺激体験）の値は，eb（基礎体験）の右辺と左辺の数値を合計した値である。es は内的緊張を引き起こすさまざまな欲求や感情や思考を示し，これらが強くなってストレスを感じると es の値が高くなる。つまり es の高い値は，欲求や感情が満たされず，ストレスを感じていることを表している。ウィルソン（Wilson, S., 1994）も es を心理的回路のノイズと考え，被検者の悩みが課題解決の態度を妨げ，内外の刺激を適切に処理できない状態を示すと述べている。EA で述べたように，es＞EA は，統制できる資質を表す EA を越えるほど欲求などが強くなり，これに苦痛を体験し，ストレス耐性が低下していることを示すと考えられている。しかしわが国の場合，EA に比べて es が多少高い値でも問題がないことは既述の通りである。

4-2. Adj es（修正刺激体験）　4〜10（69％）
　　　（Adj es≦3　16％：Adj es≧11　15％）
　　（平均　7.02：標準偏差　3.54：中央値　7.00）

　Adj D は EA − Adj es の式によって換算表から得られる数値であり，プラスの Adj D が，高い値の EA（現実体験）からではなく，低い Adj es（Adjusted es：修正刺激体験）の値に基づくことがあることを，Adj D の解釈においては考慮すべきである。

5．eb（基礎体験）

　第2章「感情」の「eb の右辺」で述べたように，eb は FM+m：SumC'+

SumT+SumV+SumY の比率である。統制とストレス耐性のクラスターでは，このステップにおいて，eb の値を検討し，Adj es を構成する変数のうち，通常は状況ストレスと関係しない FM，SumC'，SumT，SumV の値を調べ，どのような心理活動が被検者の欲求や感情を高めたり，心理的緊張を強めているのかを検討する。

健常成人では，通常，eb の左辺の値が高いので，es の値が高く，かつ右辺の値も高い場合は，被検者がなんらかの苦痛を感じていることが多い。この章では eb の左辺について述べるので，eb の右辺の変数については第2章「感情」を参照されたい。

5-1. eb（基礎体験）の左辺（FM+m） 2～7（74％）
　　（FM+m ≦ 1　11％：FM+m＝2～3　24％：
　　FM+m＝4～7　50％：FM+m ≧ 8　15％）
　（平均　4.80：標準偏差　2.77：中央値　4.00）
　　（平均　5.61：標準偏差　2.51：中央値　5.00）

われわれが特定の対象に注意を向けて思考する時，それと無関係な他の考えが生じ，意図的な思考を妨げることがある。eb の左辺である FM+m はこの心理過程を表し，人が注意を向けていない考えや，無意識に考えていることが自然に起こり，注意を集中して行っている意図的な思考に干渉する程度を表している。

FM+m が期待値（2～7）の場合，日常生活で何かを考えている時に生じる無関係な考えが，誰にでも見られる程度に生じることを表し，それを除いて本来の思考に注意を集中できることを示している。しかしこの値が高い被検者は，特定の対象を意識して意図的に思考している時，それと無関係で無用な考えが浮かび，本来の思考に注意を集中できず，慎重な思考ができなくなったりする。

5-2. FM（動物運動反応） 2～6（72％）
　　（FM ≦ 1　18％：FM＝2～4　51％：FM＝5～6　21％：
　　FM ≧ 7　11％）
　（平均　3.67：標準偏差　2.39：中央値　3.00）
　　（平均　4.04：標準偏差　1.90：中央値　4.00）

FM（Animal Movement：動物運動反応）は満たされていない欲求や，欲求充足を求める衝動の存在に漠然と気づいていることを反映している。FMが示す欲求は現実の明白な刺激から引き起こされるものよりも，明確には意識されていなかったり無意識の欲求のことが多い。例えば食物，性愛，睡眠のように基本的な身体欲求のこともあれば，依存，攻撃，達成への欲求のように対人関係での欲求のこともある。人が欲求不満を経験する時，欲求充足の行動をとろうとするのが自然である。このような状態の人は，現実に解決し対処するべき課題に注意を向けて，集中することができず，それとは無関係な満たされない欲求が心に浮かび，本来の思考を妨げることがある。このような経験は誰もが経験することであり，期待値にあるFMの値はとくに問題とはならない。

しかしFM≧7のようにFMが多いのは，満足させたい欲求が充足されないので，直面する現実の問題に注意を向けて考えられず，まとまりのない思考となりやすい。すなわち多いFMは，①欲求不満の状態を示したり，②欲求を満たそうとする関心や衝動が強かったり，③欲求を充足しようとしていることに漠然と気づいていたり，④欲求充足への関心が強かったり，⑤1つのことに注意を向けて集中した思考ができず，まとまりのない思考（周辺的思考）をしやすいことを表している。

他方FM≦1のようにFMが少ないのは，①欲求自体が通常よりも少なかったり，②欲求充足のための自発性や活動性を欠く人に見られる。またワイナーもいうように，③欲求不満の状態におかれると，欲求を抑制しないでただちになんらかの形で欲求を充足しているので，欲求不満を経験しない人にも見られる。

5-3. m（無生物運動反応）　0〜1（68％）
　　（m＝0　37％：m＝1　31％：m＝2　19％：m≧3　14％）
　（平均　1.13：標準偏差　1.15：中央値　1.00）
　　（平均　1.57：標準偏差　1.34：中央値　1.00）

わが国でも，懲罰として単独室に拘禁された受刑者のmの数が増加したという報告（久保松，1961）が見られたが，包括システムではm（Inanimate Movement：無生物運動反応）がY（拡散反応）とともに，再テストによって変動しやすく，mは状況から生じた急性の心理的混乱や不安の影響を受けやすい変数と考えられている。したがってmは，被検者が状況からのストレス

を感じ，ストレスによって引き起こされた緊張感や不安の存在を表すと推測できる。

なお従来，m は，①欲求を実現できないことによる緊張や葛藤の存在，②パーソナリティの統合を脅かすような，自分で統制できない衝動の存在，③対人関係を中心とした欲求不満の経験，④急性の精神の混乱状態，⑤無力感，⑥自己観察の傾向（白昼夢や内省傾向）に関連するといわれてきたのも，同じような解釈仮説といえる。

わが国の健常成人の m の期待値は $0 \sim 1$ であり，31％の被検者に m が1個見られるように，人が現実の環境や将来の目標を考える時，自分の欲求（衝動）を抑え，ある程度の緊張を感じるのは当然のことである。ところで臨床場面でのクライエントとの面接において，クライエントがストレスに直面しているという情報を受け取ることは多い。このような場合，通常 m が出現するが，中には $m = 0$ という人が見られる。彼らは時に，自分が経験している不快な状態に無関心であったり，みずから訴えるほどにはストレスをあまり気にしていない人のようである。これはワイナーがいうように「日常の出来事で自分が統制できないことに払うべき関心を示していない」のかもしれない。わが国の健常成人では，$m = 0$ の者は37％である。

$m \geqq 2$ のように高い値の人は，状況から生じた心理的混乱を示し，①内外からの要求に敏感であり，欲求不満によってパーソナリティの統合が失われそうな不安や，②自分の運命が他者によって決定されているという無力感，③そのために集中した思考ができず，判断が曇った状態などを表しがちである。

われわれは「ロケットが火を噴いて進んでいく」「炎が燃えている」「マグマが吹き出ている」「血が飛び散っている」など，色彩反応と結合した m は，攻撃性に関連するとともに，パーソナリティ特性として持続する面があり，「風になびく旗」「何かが入っていく」「散っていく落ち葉」「木にぶら下がったブーツ」など色彩反応と結合しない m は，状況によって影響される不安感や無力感を表すことが多いという印象を抱いている。しかしこれはまだ実証的根拠はなく，今後の検討課題である。

第4章　状況関連ストレス

　臨床場面において，われわれがロールシャッハ・テストを行うクライエントのほとんどは，過去になんらかのストレスを経験し，その葛藤や悩みを解決できずに現在にいたった人である。しかしクライエントの中には，過去の原因よりも，最近の特定の出来事や経験によって心理的安定を失った者もいる。例えば天災・過労・失職・身近な人との離別や死別という対象喪失などを経験し，心的外傷ストレスが生じている場合がある。包括システムでは，これを状況関連ストレスと呼んでいる。第3章「統制とストレス耐性」でも述べたように，Adj D の値はその人の本来の統制能力を示し，D の値は現在の統制力やストレス耐性を示すので，両者の間に差がある場合，状況ストレスが影響していると考えられる。状況関連ストレスのクラスターの検討は表1－4に示した7つのステップの順に行われる。しかし，表1－4の変数は他の心理的特徴にも関連しているので，他のクラスターを取り扱う時に検討されるが，状況関連クラスターとしてまとめて検討するのは，4番目の鍵変数（D ＜ Adj D）（状況関連ストレスが存在することを意味している）に該当する場合のみである。

　エクスナー（Exner, J., 2003）によると，状況関連ストレスのクラスターでは，①Adj D と D の値の差が単に見かけ上のものではなく，状況のストレスによっていることを確かめ，②ストレス経験の大きさを査定し，それをできるだけ現実的に記述し，③状況関連のストレスの影響を明らかにすることで，さまざまなクラスターに反映された心理的様相をより明らかにすべきである。

1．D スコアの再検討（D，EA，es，Adj es，生活史）

　D の値が Adj D の値よりも低い時は，D の値が実際よりも低く示されていないかを，まず検討すべきである。D や Adj D の値は，包括システムで用いる「EA － es から D スコアへの換算表」（『ロールシャッハ・テスト実施法』184頁表9－3参照）によって得られる。例えばEA が5でes が8であれば差は－3.0でD スコアは－1であるが，EA が5でes が7であれば差は－2

でDスコアは0となり，Adj Dスコアも同じように算出される。そこで，EAが5でesが8の被検者のes＝8の中にmが2個あれば，1個のmを除きAdj esが7となり，DスコアとAdj Dスコアの差は1となる。このようにただ1個の反応によってもDの値が変わるので，この場合の解釈は慎重に行わねばならない。

したがってD＜Adj Dであって，esがAdj esよりも1だけ大きい場合は，2つのD（DとAdj D）の差は，esとAdj esのわずかな差に基づくこともあるので，DとAdj Dの差に関する解釈仮説をそのまま適用するには慎重でなければならない。すなわちまず，①mとYのコード化が正確になされていたかどうかを検討し，D＜Adj Dがコード化の誤りでないかを検討する。誤りがなければ，②被検者の生活史を調査する。そして最近の状況がストレスとなっているのが確かであれば，D＜Adj Dは明らかに状況からのストレスを表すと見て検討していく。こうした情報がない場合は，状況関連ストレスの存在を単なる仮説による推測として検討するか，あるいは偽陽性としてこのクラスターの検討をやめるべきである。

他方，D＜Adj Dであって，esとAdj esの差が2以上の場合，この差が偽陽性である可能性は少ないので，状況関連ストレスのクラスターについての詳細な検討が必要である。

2．DスコアとAdj Dの差　0（84％）

　　　（D － Adj D ＝－1　14％：D － Adj D ≦－2　2％）

エクスナーは，D（Dスコア）とAdj D（修正Dスコア）の差が，状況ストレスの影響の程度を表すと述べている。彼によるとD＜Adj Dで，その差が1の場合（上記のように健常成人では14％である），状況ストレスの影響は軽度から中程度であり，多少の心理的混乱があるにしても，全体としての統合を失っているとはいえない。しかしD＜Adj Dで，その差が2以上の場合は（健常成人では2％），ストレスの衝撃が強い状態で，通常の思考様式や行動様式が妨げられていることが多い。どちらの場合も，以下のステップについて検討しなければならない。なお上記のように健常成人ではD － Adj D ＝ 0が84％であるが，統合失調症者では77％である。

3．m と SumY

3-1. m（無生物運動反応）　0～1（68％）
　　（m＝0　37％：m=1　31％：m=2　19％：m≧3　14％）
　　（平均　1.13：標準偏差　1.15：中央値　1.00）
　　（平均　1.57：標準偏差　1.34：中央値　1.00）
　m については第3章「統制とストレス耐性」を参照されたい。

3-2. SumY（拡散反応）　0（62％）
　　（SumY＝1　27％：SumY≧2　12％）
　　（平均　0.55：標準偏差　0.84：中央値　0.00）
　　（平均　0.97：標準偏差　1.20：中央値　0.00）
　SumY については第2章「感情」を参照されたい。
　エクスナーは，状況ストレスが被検者の思考と感情，あるいはどちらか一方に強い影響を及ぼすことについて，次のように述べている。①mとSumYのいずれかの値が，他方の値の3倍を越えなければ，ストレスが思考と感情の両方に影響している。もし，②mがSumYの3倍を越えると，ストレスが思考に強く影響し，注意や集中力が損なわれ，反対に，③SumYがmの3倍を越えると，ストレスが感情に影響し，不安，緊張，無力感など漠然とした感情が生じがちである。

4．SumT，SumV，3r+(2)/R

　Adj D と D の差は状況ストレスの影響を示すが，このステップでは，SumT，SumV，3r+(2)/R からの情報を検討する。包括システムでの研究によると，m と Y の変数が時間的に安定していないのに対し，SumT（材質反応）と SumV（展望反応）や 3r+(2)/R（自己中心性指標）の変数は，時間的にかなり安定している。しかし時に喪失経験などの一時的な心理状況によってこれらの変数の値が高くなり，そのために現在の統制力が低くなって D に影響することもある。したがってこれらの変数が期待値を逸脱している時は，生活史を調べて解釈の参考にすべきである。

5. Dスコア －1〜＋1 (77%)

(D≦－2　14%：D＝－1　16%：D＝0　47%：
D＝＋1　14%：D≧＋2　10%)
(平均　－0.15：標準偏差　1.42：中央値　0.00)
(平均　－0.12：標準偏差　0.99：中央値　0.00)

「EA－es からDスコアへの換算表」で得られた，わが国の被検者のDスコアや Adj Dスコアはアメリカの平均値よりも低く，表3－1と表4－1に示したように0以下の者も多い。わが国の健常成人とアメリカの健常成人のDスコアの数値は表4－1のとおり異なり，わが国の被検者の場合，Dスコアがマイナスだからといって，ただちにストレスへの対処力が低いとはいえず，Dの値が－2以下の人が，対処力が低いといえそうである。

エクスナーによると，被検者が現在有している資質（対処力）を表す EA から，パーソナリティに十分に統合されていない不安定な思考や感情を示す es を減じたDスコア（Difference Score：差異スコア）は，ストレスに対する被検者の現在の対処力としての資質を表している。包括システムの換算表では，EA－es の値が＋2.5〜－2.5であればDスコアは0となり，さまざまな刺激に直面した時，統制力を失うことなく，効果的に対処できることを表している。また EA－es の値が－3.0以下であれば，Dスコアはマイナスの値となる。これは刺激状況がいちじるしく負担となり，被検者がストレスを感じ，刺激や要求を適切に処理できない状態である。つまりDスコアがマイナスの人は，無力感を抱いたり，思考・感情・行動面で混乱しやすく，予測できない行動をとる可能性が大きい。他方，EA－es の値が＋3以上であればDスコアがプラスの値となり，ストレス耐性が強いといえる。しかしこの場合，es が少なすぎると，誰にでも見られる自我に統合されていない思考や欲求が少なかった

表4－1　Dスコア

	日本人		アメリカ人	
	人数	%	人数	%
Dスコア＞0	95人	24%	64人	14%
Dスコア＝0	187人	47%	308人	68%
Dスコア＜0	118人	30%	78人	17%
内Dスコア＜－1	54人	14%	28人	6%

り，自分の状態に気づかなかったり，心の発達に必要な苦悩を体験しなかったりするなど，資質の硬さを表すことも多い。したがって D スコアの意味を推測する場合，EA や es の数値，EB（体験型）と eb（基礎体験）のそれぞれの左辺と右辺の数値や内容を検討し，CDI（対処力不全指標）など他の変数との関連で解釈しなければならない。

わが国の被検者で D が－1 ～＋1 の人は，通常，欲求不満耐性があって，自分がおかれた環境におおむね満足し，不安，緊張，焦燥感などがなく，ストレスによって強い情緒的反応や衝動的な行動を示すことが少ないといえる。とくに D ≧＋1 の人は欲求不満耐性が強く，必要に応じて活用できる資質を有しているので，刺激や欲求によっても衝動的にならず，平静な態度を維持していける。しかしワイナー（Weiner, I., 2003）もいうように，D ≧＋1 の人は豊かな資質をもつために，「人々や状況を効果的に取り扱うための十分な感受性を欠いていて」，多くの人にストレスとなる場面でも平然としていて悩まず，状況を変えようとはしないし，それに負けてしまう人の気持ちに気づかないという短所がある。ウィルソン（Wilson, S., 1994）によると，児童や青年に見られる D ≧＋1 は，硬いパーソナリティや変化の可能性の少なさを示すことが見られる。また明らかにストレスとなり危機的場面にあるクライエントが，D ＝＋2 などの値を示すのは，症状が自我同調的（egosyntonic）になって悩んでいないので，彼らは心理療法を受け入れにくいと考えられる。

他方，D がマイナスの人は，資質や欲求不満耐性が低く，刺激や欲求に対し不安，緊張，焦燥感などを強く感じ，統制力を失い，衝動的に思考したり行動する可能性が強まる。しかし D ＝－1 であれば，被検者の慣れている環境や構造化された状況では十分に機能できるし，わが国の健常成人で D＝－1 の者は 16％見られ，マイナスだからただちに問題があるとはいえない。ただし D ≦－2 になると，場面の要求に対処する行動をとれる統制力をいちじるしく失い，不安・抑うつ・無力になったり，予測できない行動を衝動的にとる可能性が高くなる。

6．m や Y の Blends（ブレンド）

m や Y のブレンドについては第 2 章「感情」を参照されたい。

なおエクスナーは，m や Y と結合した Blends が全ブレンドの 20％に達しないときは，状況ストレスによってストレス状態によって生じた心理的複雑さ

は少なく，30％を越える時は，状況ストレスによって心理的複雑さが増大し，心理機能が低下していると述べている。

7．Col-Shad Bl（色彩濃淡ブレンド）　0（73％）

　（平均　0.34：標準偏差　0.62：中央値　0.00）
　（平均　0.67：標準偏差　0.93：中央値　0.00）
　Col-Shad Bl（色彩濃淡ブレンド）については第2章「感情」を参照されたい。
　なおエクスナーはCol-Shad Blがあれば，ストレス状態が感情の混乱をもたらしていると述べている。

第5章

自己知覚

　自己知覚（自己イメージ）とは，人が心に抱いている自分自身の姿や特徴であり，本人自身が気づいている特徴と，明確に意識していない特徴とがある。人は自己イメージを他者の姿と比べ，適切な自尊心を維持できて，肯定的に自己を評価できる場合，心理的に安定し適応した生活を送ることができる。しかし不適切な自尊心をもったり，劣等感を抱いたりすると，不安定な心理状態となり，適応した生活を送りにくくなる。自己知覚クラスターは，表1－4のように8つのステップに従って検討することで，①自己への関心の向け方とその程度（自己美化，自己万能感，自己中心性，自己愛，自己否定，自己蔑視，自己への無関心など），②自尊心の高低，③自己内省の仕方（客観的・建設的な内省，自己の否定的側面への内省，内省の欠如など），④身体イメージ（自分の身体状態への気遣いなど）を明らかしようとする。さらにプロトコルに投影された内容から，⑤被検者が意識的あるいは無意識のうちに，自分自身を具体的にどのように眺めているかを知ることができる。またこのクラスターでは，被検者に完全主義の傾向が見られるか，警戒心が強く対人不信感が強いかなども取り上げ，それが自己知覚にどのように影響するかも検討する。

1．OBS（強迫的様式指標）とHVI（警戒心過剰指標）

1-1. OBS（強迫的様式指標）
　　　（陽性　0％）　（陽性　1％）

　OBS（Obsessive Style Index：強迫的様式指標）は，情報処理や思考のクラスターにおいても検討される。OBS陽性の人は完全主義の傾向があり，正確さや厳密さを求め，些細なことにも過度にこだわりがちである。この結果，否定的な感情を表現しにくく，優柔不断な態度となったり，一定の方法に従って情報を注意深く処理していく傾向が見られたりする。通常，OBS陽性の人は自分の能力に自信がなく，自分を否定的に眺めるので，自尊心が低くなりやすい。

しかしOBS陽性の人は，400人の健常成人にはまったく見られず，健常成人の強迫傾向をロールシャッハ・テストから推測する時，他の指標と同じように，この指標の数値のみに過度に頼るべきではない。エクスナー（Exner, J., 2001）によると，OBS陽性の者は健常成人600人中8人（1％），うつ病と統合失調症の患者では0％，さまざまな症状を示す成人外来患者535人中44人（8％）である。最近のエクスナーとエルドバーグ（Exner, J. & Erdberg, P., 2005）によっても，OBS陽性の者は，健常成人450人中3人（1％）である。

そこで従来，強迫傾向を表すといわれてきたロールシャッハ・テストの特徴のいくつかを，参考のために次に述べる。

①強迫傾向のある人は完全主義の傾向があり，テスト場面を競争場面や自分の能力を調べる場面と思いこみ，R（反応数）がいちじるしく多くなる。
②些細なことに過度にこだわるので，Dd（特殊部分反応）やS（空白反応）が増えてくる。この場合，Ddが多いのは些細なことにこだわったり，衒学的（知ったかぶり）な傾向を，Sが多いのは猜疑心を示す可能性がある。
③反対にWを強調して反応する者もいるが，この場合のRはそれほど多くはない。彼らはインクブロットを全体として見なくてはならないと思いこみ，部分を全体に統合しようと，完全性を求めて反応しがちである。
④秩序を重視する傾向は，反応の系列でW－D－Ddというように領域を選ぶ順序に固執したり，各図版を規則的に回転して答えたりする。
⑤思いこんだ観念に固執する傾向は，反応内容の固執となりやすい。
⑥物事へのこだわりが，インクブロットの対称性を気にしたり，中心線にこだわることに見られたりする。
⑦社会慣習から逸脱することを強迫的に嫌う人は，社会に合致し，自分の姿を表さないように，注意深い態度を示し，P（平凡反応）が多くなる。
⑧正確かつ厳密さを求めるので，自分の見た概念とインクブロットの形態や特徴を合致させようとし，推敲され明細化された反応が多くなる。
⑨感情に影響されるのを避けようとする強迫傾向の人は，形態反応の比率［包括システムではL（ラムダ）］が高くなる。
⑩衒学的な傾向は，「仙骨。むしろ蝶形骨ですね。どのような文字か，ご存じですか」などの知性化された反応内容となったりする。

1-2. HVI（警戒心過剰指標）　陰性（該当せず）（88 %）
（陽性　12 %）　　（陽性　4 %）

　HVI（Hypervigilance Index：警戒心過剰指標）は対人知覚・情報処理・思考のクラスターにおいても用いられる。HVI 陽性の人は，自分が弱いと感じていて，外界への否定的で猜疑的な態度をもっている。彼らは他者への警戒心が強く，自分の生活空間を守ろうとつとめ，他者に利用されたり，他者から傷つけられないように控え目に行動することで，自己を防衛する。また彼らは他者を信用せず，他者と親密になることを避け，いつ何事が起こっても対応できるように，外界を注意深く慎重に眺め，用心深い態度を示す。HVI 陽性の人は警戒心が過剰であり，外界が危険に満ちていると考え，他者に対して身構え，他者との間に距離をおき，親密になることを避け，自分の考えや感情を示さないで，自分の世界に閉じこもりがちである。これがいちじるしくなると妄想性人格障害の姿を示すこともある。

2．Fr ＋ rF（反射反応）　　0（85 %）

　　　（Fr ＋ rF ＝ 1　　11 %：Fr ＋ rF ≧ 2　　5 %）
　（平均　0.20：標準偏差　0.53：中央値　0.00）
　　（平均　0.20：標準偏差　0.67：中央値　0.00）

　Fr と rF（Reflection：反射反応）は，健常成人よりも子どもや青年に多く生じるといわれ，自己愛に関連する変数である。エクスナーとエルドバーグによると，Fr ＋ rF ＞ 0 の者は 450 人中 54 人（12 %）であり，その出現率はわが国の健常成人と大差がない。反射反応は，自己中心性に関連し，自己への関心が強く，自己を過大評価し，自己を美化し，他者をあまり考慮しないなどの傾向を表している。反射反応を示す人は，過大に評価した自分にふさわしい地位や名声を求め，他者は自分の欲求を実現するために存在すると考えたり，自分の失敗の責任を他者に帰し，自己を美化する情報だけを取り入れ，自分を特別扱いにしがちである。なおガコーノら（Gacono et al., 1994）は，包括システムでは用いていない r のコードを使用し，「何かが水に映っている」のように，まったく形態に言及しない反射反応を r とのみコードし，アイデンティティの葛藤や自我境界の混乱などを表すと述べている。rF にしろ r にしろ，いずれもやや病理的な自己愛を示し，自分が正しいという独善的な態度を表しやすい。反射反応は若い人に多く生じることから，反射反応はアイデンティティ

を確立する過程での葛藤や不安を表したり，他者との関係で自己を理解し統合しようと努力している体験を示す場合もある。

　反射反応を示す人が適応上つねに問題があるとはいえず，芸能人・運動選手・政治家など，他者の注目を受けることで成功する職業につく人は，自画自賛したり，自己を顕示したりして，他者の注目を得ることが必要であり，反射反応の存在が望ましいともいえる。これはワイナー（Weiner, I., 2003）がいうように，自分自身を優先させていても，他者のために役立つ働きをする人に見られる反射反応である。これに反し，他者への関心がほとんどなく，他者と密接な関係をもたずに距離をおく行動や，他者と競争し，自分の目的のために他者を操作しようとする自己中心的な行動となる反射反応も見られる。つまり反射反応が短所として表れると，利己主義，外罰的で，自分の失敗や欠点を否定し，他者からの忠告を率直に受け入れられなくなり，ウィルソン（Wilson, S., 1994）がいうように，他者は自分の要求実現のためにのみ存在するという態度となり，適切な対人関係を失いやすい。

　なおわれわれが取り扱ったパーソナリティ障害者の中に，Ⅱ図左右D2を「夕焼け雲」と答え，下方D3を「夕焼け雲が水に映っている」とか，Ⅲ図D9を「人」と見て，D7領域を「その人の顔が映っている」などと答える者が見られた。これらは対称性を伴わないので，反射反応とコードされないが，このような反応もアイデンティテイ確立に不安を抱いたり，他者と自己の関係が不明確なことを示すようである。

3．EGI（自己中心性指標： 3r+(2)/R　　0.16 〜 0.44（72％）

　　　（3r+(2)/R ≦ 0.15　　14％： 3r+(2)/R = 0.16 〜 0.19　　8％：
　　　3r+(2)/R = 0.20 〜 0.40　　56％： 3r+(2)/R = 0.41 〜 0.44　　8％：
　　　3r+(2)/R ≧ 0.45　　15％）
　　（平均　0.31：標準偏差　0.14：中央値　0.30）
　　（平均　0.40：標準偏差　0.10：中央値　0.39）

　3r+(2)/R の値である EGI（Egocentric Index：自己中心性指標）は，エクスナーによると自己への関与，つまり被検者が自分に注意を向けて，自分に没頭する程度を示している。EGIの値が期待値にある人は，適度の自尊心と自己への関心をもつが，他者の生活を無視するほど，自分に没頭しすぎることがない。

表5－1　3r+(2)/R

	日本人		アメリカ人	
	人数	%	人数	%
3r+(2)/R ＜.33	232人	58％	89人	20％
3r+(2)/R ＞.44	59人	15％	134人	30％

　これに対しEGIの値が高い人は，①自分に関心を向けすぎて，②他者や外界を無視して高い自尊心を抱いたりする。
　他方，EGIの値が低い人は，自分を否定的に眺めがちであり，①自分よりも他者を意識し，他者と比べて自分はだめな人間だと思い，自己評価や自尊心が低くなり，自分を否定的に判断しがちである。時に，②他者は自分よりも優れていると思い，劣等感を抱き，抑うつ的，強迫的，恐怖傾向が見られたりもする。なお，③心身症の人は一般にEGIの値が低いといわれている。
　さらに反射反応があってEGIが低い人は，エクスナーによると，自己イメージや自己評価について強い葛藤があり，ワイナー（2003）によると，劣等感を補償した優越感を抱く人である。ワイナーはまた反射反応を伴うEGIに，展望反応（V）や損傷内容（MOR）を伴う時は，低い自己評価を補償した自己愛を示すとも述べている。
　なおエクスナーとエルドバーグが，3r+(2)/Rについて.33未満の者と.44を越える者の比率を述べているので，わが国の健常成人と比較した数値を表5－1に示す。
　アメリカの健常成人の20％が，3r+(2)/R＜.33であるが，わが国の健常成人の値の低い方から20％は＜.18である。またアメリカの健常成人の30％が，3r+(2)/R＞.44であるが，わが国の健常成人では，＞.38が30％である。このように，わが国の健常成人のEGIの値は，アメリカの健常成人よりもやや低い。
　反射反応とペア反応（Pair）はどちらも自己への関心の程度を表すが，反射反応の方がより未成熟な自己美化や自己愛を表し，ペア反応はより成熟した自己への注目の程度を示しがちである。なおペア反応で人間反応を答える時，「いっしょに何かをしている」のような内容は，被検者が人間関係を協調的に見たり，協調的関係を求めていることが多い。これに対し，「背中合わせになっている」「離れていく」などの内容は，対人関係を忌避したり，相互交渉が

少なく，希薄な人間関係を示す可能性がある。

またラーナー（Lerner, P., 1998）は対称性が，「外部の秩序や明瞭なことを過度に求め，あいまいさや慣れていないことに耐えられない，生活空間の狭い抑制された性格の人に見られる」といっている。

なおすでに r に関する数値（Fr ＋ rF）を 75 頁で示したので，ペアについての数値を参考のために次に示す。

ペア(2)　　4 ～ 10（72 ％）
　　（ペア≦ 3　　17 ％：ペア≧ 11　　11 ％）
　　（平均　　6.52：標準偏差　　3.38：中央値　　6.00）
　　（平均　8.82：標準偏差　3.08：中央値　9.00）

4．FD（形態立体反応）と SumV（展望反応）

多くの人は自分がどのような人間かを知ろうとするが，FD（形態立体反応）と SumV（展望反応）は自己内省に関する不安や自己批判と関連する。すなわち人が自分はどのような人間か，長所や短所はどうかなどに関心をもつ時，FD や SumV が生じやすい。したがって FD と SumV のどちらも見られない人の中には，自分自身についてあまり考えず，内省をしないで，自分に無関心なこともある。しかし多すぎる FD や SumV は，自意識が強く，自分を批判しすぎて，不安が強い状態を示し，適応した状態にあるとはいえない。

4-1. FD（形態立体反応）　　0（54 ％）
　　（FD ＝ 1　　34 ％：FD ＝ 2　　10 ％：FD ≧ 3　　3 ％）
　　（平均　　0.61：標準偏差　　0.78：中央値　　0.00）
　　（平均　1.43：標準偏差　1.15：中央値　1.00）

健常成人の約半数（47 ％）が FD（Form Dimension：形態立体反応）を答える。内省に関連する SumV や M（人間運動反応）や，反応内容などを検討して，自分に無関心すぎるといえない時以外，FD ＝ 0 は期待値でありとくに考慮しなくてもよいが，FD も SumV も見られない場合，上述のように自分をあまり内省していないことも時に見られる。FD ＝ 1 は，自己批判にしても，自分の状態に適切な関心をもち，距離をおいて自己を客観的に内省し，自己検閲や自己探索を行っていることを反映する肯定的な特徴となり，FD は人が成

長・変化していくために必要な自己知覚や内省を表している。われわれもアイデンティティを確立しようとする青年や，中年期になり自我を再構成しようと悩む人が，2〜3のFDを答えることを経験している。しかしFDが多すぎたり，FDとともにSumVも見られる人は，自己像が明白でないと感じ，時には過度に自己内省をして，自分の欠点を意識しすぎて不安が強くなり，適応が困難になりやすい。なお，かつてエクスナー（1993）は，FDが社会における自分の心理的地位の内省や見通しを表すので，心理療法の終了時にFDが生じることは望ましいとも述べている。

4-2. SumV（展望反応）　　0（73％）
　　（SumV＝1　21％：SumV≧2　6％）
　　（平均　0.34：標準偏差　0.62：中央値　0.00）
　　（平均　0.35：標準偏差　0.77：中央値　0.00）
SumV（展望反応）については第2章「感情」を参照されたい。

5．An＋Xy（解剖反応とエックス線反応）　　0（61％）

　　　（An＋Xy＝1　27％：An＋Xy≧2　12％）
　　（平均　0.56：標準偏差　0.85：中央値　0）

An＋Xy（解剖反応とエックス線反応）は，身体の機能や統合についての関心を示し，身体状況へのとらわれや，外界への関心の少なさや，漠然とした不安を反映している。エクスナーはAn＋Xyを示す人に身体的な問題がなければ，自分の身体への関心が強かったり，自己イメージとして傷つきやすさの感じをもつと述べている。またウィルソン（1994）は，高いAn＋Xyが自己への没頭を表し，自分の身体や精神的なことに問題を感じていると述べている。次に参考のために，AnとXyのそれぞれの数値をあげる。

5-1. An（解剖反応）　　0（66％）
　　（An＝1　26％：An≧2　9％）
　　（平均　0.46：標準偏差　0.73：中央値　0.00）
　　（平均　0.88：標準偏差　1.05：中央値　1.00）
An（Anatomy：解剖反応）については，これまでも，①身体状況へのとらわれや不安，身体への自己愛的な関心を表すとされてきた。さらに，②破壊

衝動を抱きながら行動に表さない人, ③漠然とした不安や抑うつ気分を抱く人, ④知的不全感を補償しようとする人にも見られやすい。なお統合失調症者ではAn＝1の者は27％, An≧2の者は19％であり, 形態水準がマイナスのAnが目立っている。

5-2. Xy（エックス線反応）　0（92％）
　　（Xy＝1　6％：Xy≧2　2％）
　　（平均　0.10：標準偏差　0.38：中央値　0.00）
　　（平均　0.08：標準偏差　0.28：中央値　0.00）

　Xy（X-ray：エックス線反応）は, ①自分の身体や心の状態へのこだわりを示したり, ②Xyが無彩色反応や濃淡反応を伴うことから, 苦悩や不安に関連するが, ③良好な形態水準のXyは不安の知性化に関連するようである。

6. MOR（損傷内容）　0（69％）
　　　（MOR＝1　24％：MOR≧2　8％）
　　（平均　0.42：標準偏差　0.72：中央値　0.00）
　　（平均　0.93：標準偏差　1.01：中央値　1.00）

　MOR（Morbid Content：損傷内容）は第9章で述べる思考クラスターを構成する変数でもあり,「物事がうまくいかない」という悲観的な思考を示している。自己知覚クラスターとしてのMORは, 被検者が「自分は傷つけられた」とか「自分はだめだ」という, 否定的な自己イメージを抱き, 自分について悲観的な見方をしていたり, 抑うつ的になっていることを表している。MORが示す悲観的な構えは, 時に外界に向けられ, 自分がうまくいかないのは世の中のせいであると被害的になったり, 自分の不幸を他者に帰属させることもあるので, 他の変数との関係に留意しなければならない。わが国の健常成人のMOR≧2の者は8％であるが, 統合失調症者ではMOR≧2の者が28％と高い。またローズら（Rose, T. et al., 2001）はMOR≧2の者が, 時に自分の身体についてかなり否定的な感情をもち, 危害に対する脆弱性を表すとも述べている。なおMOR＞2はわが国の健常成人では9人（2％）であるが, エクスナーとエルドバーグによると, アメリカの健常成人では30人（7％）である。

　エクスナーもいうようにMORについては, とくに内容を検討しなければな

らない。多くの被検者は MOR の内容と自分を同一視し，否定的な自己イメージを投影しがちである。例えば MOR として I 図 WS に，「羽に穴があき，羽がぼろぼろになったチョウ」と答える被検者は，「私は羽に穴があいて飛べないチョウです」という悲観的な自己イメージを抱いている可能性が大きい。また II 図 W を「首が切られ，血が飛び散り，胴が 2 つに切られたクマ」という MOR の反応も，自分が傷つけられたという否定的な自己イメージを表すと考えられる。しかし被検者によっては，自分自身が抱く攻撃性を抑圧したり否認する防衛機制として MOR を用いることもあり，他の変数との関連で推測しなければならない。

またエクスナーは，多くの MOR を答える被検者が反射反応も答えるのは，①自己イメージと自尊心との間に激しい葛藤があったり，②自分の苦悩や無力感を大げさに訴えようとしているとも述べている。

7．H（人間反応）

人間に関連した反応内容は，人間への関心を表している。自己知覚のクラスターとしての H は，被検者が抱く自己イメージと，そのイメージへの自己評価を示すことが多い。さらに H は，他者への関心・相互関係なども示すが，この点については第 6 章「対人知覚」を参照されたい。

7-1．H：(H)+Hd+(Hd)（人間全体反応：人間部分反応と想像された人間の反応）
　　(H＞(H)+Hd+(Hd)　51 ％：H=(H)+Hd+(Hd)　16 ％：
　　H＜(H)+Hd+(Hd)　33 ％）

ワイナーもいうように，人がアイデンティティを形成し，その人なりの自己イメージをもつには，人生においてモデルとなる現実の人間と自己を同一視する経験が必要である。H（Whole Human：人間全体反応）が Hd（Human Detail：人間部分反応）と (H)（Fictional or Mythological H：想像された人間全体反応）と (Hd)（Fictional or Mythological Hd：想像された人間部分反応）の合計より大きい値［H＞(H)+Hd+(Hd)］の場合は，被検者がこれまでの日常生活における現実の人間関係で，重要な他者（家族・教師・友人など）と肯定的に自分を同一視した経験のあることを示している。これは自己と他者との関係が空想や断片的なものとしてではなく，現実の社会的相互作用によって形成されたことを表している。これに対し，H＜(H)+Hd+(Hd) は，想像したり空想

した人物を,同一化のモデルとしており,現実的な人間関係をもてず,他者との関係で非現実的な期待を抱く可能性が強いと考えられる。

したがって H ＞(H)+Hd+(Hd)は,被検者の自己イメージや自己評価が,想像よりも現実の社会的相互作用によって形成されたことを示し,自己イメージの形成に,肯定的な対人関係が寄与していると考えられる。通常,彼らの対人関係は現実的であり,他者と適切な交流ができる可能性が高い。しかし H が P（平凡反応）のみであれば,現実的でない自己イメージのことがある。

他方,H ＜(H)+Hd+(Hd)の人は,自己イメージや自尊心が,現実の経験よりも想像や歪曲された経験に基づくので,精神発達が未成熟なことが多く,自分自身について歪曲した見方をしやすい。また彼らは明確なアイデンティティを確立していないために,他者との交流で問題を生じがちである。

しかしわが国の健常成人の 33 ％が H ＜(H)+Hd+(Hd)であり,自己イメージが現実の社会的相互作用を伴う人間関係によって形成されているか,想像による歪曲された経験によって形成されているかを推測するには,この比率だけで機械的に解釈してはならない。この点についてエクスナーは,体験型が内向型の者は H が多いので H ＞(H)+Hd+(Hd)であるが,他の体験型の場合は H が他の人間内容よりも多くならないことがあると述べている。なおエクスナーは体験型によって,反応様式が異なることから,多くの変数について,異なる体験型による数量的検討を行っており,われわれも検討を進めている。

7-2. Hx（人間的体験反応）　 0（98 ％）
（平均　0.03：標準偏差　0.18：中央値　0.00）
（平均　0.15：標準偏差　0.50：中央値　0.00）

Hx（Human Experience：人間的体験反応）は,被検者自身の感情を投影していたり,自己イメージや自己評価の問題を,現実を無視するような過度の知性化で処理しようとする傾向を示し,エクスナーは,Hx が AB（抽象反応）を伴う時は,自己イメージが歪められやすいと述べている。

8．投影された内容の検討

自己知覚のクラスターで検討される「投影された内容」は,従来,内容分析として取り扱われてきた。「投影された内容」は,被検者が自分をどのように眺めているかという自己知覚だけではなく,他者や外界をどのように眺めてい

るかという対人知覚も含め，被検者の内的世界の様相を表すので，ロールシャッハ・テストの解釈において重要な役割を占めている。

　ロールシャッハ・テストで被検者が答える反応内容には，Ⅰ図W「コウモリ」のように，インクブロット自体が有する形態（輪郭）によって，多くの被検者が同じ対象を知覚して答えやすいものがあり，これらは必ずしも被検者の投影によって意味づけられた反応とはいえない。しかし例えばⅦ図W（∨）を「こわれていく家。屋根がカラカラッと落ちていく」という答は，出現のまれな反応であり，自分自身への見方か，家庭への見方かは別として，被検者のパーソナリティのなんらかの側面が投影された可能性が強いと考えられる。さらに多くの人が知覚しやすい反応内容であっても，被検者が行うさまざまな言語修飾や潤色の仕方によって，被検者のパーソナリティが投影されることも多い。例えばⅠ図W「私を襲ってくる恐い顔のコウモリ」，Ⅶ図W「2人の人が心の中で憎み合いながら，表面的に仲良くしている」のような答の場合，「コウモリ」「2人の人」はいずれも基本概念として，多くの人が知覚しやすいP反応であり，基本概念自体は投影された反応ではない。しかし通常以上に修飾されたこれらの反応は，被検者個人の内的世界が投影されていると考えられる。

　このような投影された反応の検討は，被検者の理解にきわめて有益であるが，検査者の中には，すべての反応が投影を表すと考え，第10章「系列分析」でも述べるように，Ⅰ図の最初の反応からⅩ図の最後の反応まで順をおって，すべての反応を検討していく検査者もいる。しかし包括システムでは，自己知覚に関連して投影の可能性が強い内容（上述のように投影された内容は自己知覚にかぎらない）が，①マイナス反応，②MOR，③Mと人間反応，④FMとm，⑤その他の言語修飾と潤色された反応に表れると考え，この順序で反応を検討していく。このように順序をおって，投影の可能性が強い反応を組織的に検討することで，すべての反応を検討しなくても，重要な反応内容を見落すことが避けられる。さらに例えばⅠ図WSを反対に見て「魚の王様が口を大きく開いている。王冠をかぶり，ひれ（左右D7）を張って，歯（D1+Dd22）のある口を開いている。この魚は目（DdS30）が空白で見えない王様」と答えるのは，マイナス反応，MOR，M，言語修飾と，上記の複数個の項目に該当する。このように上記①から⑤の5つの中の1個に該当する反応よりも，複数個の項目が該当している反応は，被検者のパーソナリティをより多く投影してい

ると考えられる。

　投影の可能性がある反応内容を，検討し解釈する方法はさまざまである。例えば，①プロトコル（記録）にマイナス反応の「ナメクジ」が3個見られるように，同じ反応内容の反復から「無力感」が推測されることもあれば，②Ⅱ図W「足のない体だけにされたカニ」とⅥ図D3「バラバラになった羽子板の羽根」のように異なる反応内容のMORが，「被害感」を示すと推測されるように，同じ主題や特徴や象徴などが投影されていそうな反応内容の組み合わせから推測されることもある。時には，③Ⅹ図Dd33「にじんだ印鑑」のように1つだけの特異な反応内容から「アイデンティティの確立への悩み」と推測されることもあろう。

　反応内容には被検者の無意識の欲求や態度を含む，パーソナリティのさまざまな様相が示される。しかしある反応内容から，被検者が投影する内容を過度に推測し，そのまま結論とすべきではない。本書の初めに述べたように，被検者に共感する態度をもち，ある反応から推測された仮説を他の反応や情報と関連づけてから，最終的な解釈とするべきである。

　反応内容の投影の推測については，検査者がよりどころとするパーソナリティ理論に基づくが，ロールシャッハ・テストの解釈の根拠は，1つのパーソナリティ理論に限定されない。検査者は豊かな臨床経験を積むとともに，さまざまなパーソナリティ理論を学び，検査者なりのパーソナリティ理論をもつことが望まれる。したがってこのテストに慣れていない初学者が，投影された内容を検討する時は，仮説としての推測を行うにしても，できるだけ控え目な態度で行うべきである。なお，これらの問題に関しては，第10章「系列分析」と第11章「内容分析」も参照されたい。

8-1. マイナス反応

　ロールシャッハ・テストで投影が生じやすいのは，マイナス反応であり，マイナス反応の内容を検討することで，被検者が自分をどのようにとらえているか，外界をいかに知覚しているかを明らかにできる。しかしすべてのマイナス反応がこのような投影を表すとはかぎらない。被検者の知的機能の低さ，一時的に混乱した精神状態，課題解決への軽率な態度により，知覚や判断に誤りが生じ，マイナス反応となることもある。

8-2. MOR

MOR が否定的な自己イメージを投影することは既述の通りである。例えばⅠ図 W に「火事の焼け跡」，Ⅳ図 W に「つぶれたカエル」，Ⅴ図 W に「羽が破れて疲れたチョウ」，Ⅵ図 Dd27 に「人が穴の中に落ちていく」と 4 つの MOR を答えた女性の自己イメージは，この 4 つの内容を「私は……である」「残念なことに，私は……である」と自己を投影していると推測することができる。

ラーナー (1998) は，「羽に穴があいて飛べない傷ついたガ」の反応を，精神分析理論で取り上げる例をあげ，同じ精神分析理論でも，下位モデルが欲動論，構造論，対象関係論，自己心理学によって強調点が異なると述べている。例えば (ⅰ) 自己心理学による解釈では「傷ついた」に注目し，「傷つき，損なわれ，だめになった」早期の「自己愛の損傷」と理解し，(ⅱ) 対象関係論による解釈では「飛ぶことができない」に焦点を向け，「分離と個性化の困難さ」と考え，(ⅲ) 欲動論による解釈では攻撃性と結びつけ，「傷つき，損なわれた」を自己に向けられた攻撃性の表れととらえ，(ⅳ) 構造論による解釈では，この反応の原始性を問題とすると述べている。しかし現在，包括システムは内容分析を，どちらかといえば控え目に行っているので，MOR や言語修飾が，自己の状態の投影であると推測しても，明確な根拠がないかぎり，精神分析理論に基づくような深い仮説を立てることは少ない。

8-3. M（人間運動反応）と H（人間反応）

被検者が述べる人間反応の内容には，被検者が自分をどのように知覚しているか，他者をどのように知覚しているかが示されやすい。また M は被検者自身の特徴や，被検者の見た他者の特徴が投影されやすいので，どのような内容を答えているかを検討する必要がある。例えばⅤ図 W に「派手な衣装を着たバレーの踊り子」，Ⅸ図 W に「派手な衣装で踊っている女の子が鏡に自分を映している」，Ⅹ図 W に「赤い服を着て両手にポンポンをもって踊っているチアガール」と答えた女性被検者の場合，自己美化や自己顕示に関連した自己イメージの存在や，他者をそのように知覚している可能性を推測できる。

8-4. FM（動物運動反応）と m（無生物運動反応）

FM と m の反応によって投影された内容を推測する場合は，M よりも控え

目に行うことが望ましい。例えばⅡ図D6に「後ろ足にくくられ，逆さまにつるされ，口から赤い血を吐いて苦しんでいる2匹のイヌ」というFMについても，他の反応やMとの関連などから，さまざまな推測が可能となる。しかし，この反応に「他者から迫害され苦しんでいる」という自己知覚の投影がなされているという推測は，受け入れられやすい控え目の仮説といえよう。

8-5. 他の反応における言語修飾と潤色

　反応内容の言語修飾について，8-1から8-4までに取り上げられなかった面を検討する段階である。被検者の中には，既述の「魚の王様」や「襲いかかってくるコウモリ」「森の中の道。暗くてはっきりしない道。これは遠くの光。……」のように，通常見られない言い回しや説明をしたり，感想や連想を述べたり，物語風に答えたりすることがあるので，これらの反応を検討して投影の有無を検討することも大切である。

　例えば抑うつ気分が強くカウンセリングを求めてきた女性が，Ⅸ図左右DdS23を意味づけて漠然と全体に言及し，「この真ん中の所，穴。穴があいている。これはこっちの世界とそっちの世界をつなぐ所。こっちの毎日がこんなに落ち着かない生活でいやだから，穴の向こうのそっちの世界に行きたいですね。こっちの世界は人間と動物の合いの子のような，えたいの分からない動物がいて……，左右対称に真ん中のこれ1本でバランスをとってる世界で，そっちの世界はもっと楽しくておだやかだろうと思いますね。今の私の気持ちのように，こっちの世界は，ばらばらに散らばっているので，そっちの世界に行きたいという気持ちがしますね」と答えたのは，過度に言語修飾（潤色）された内容であり，彼女の現在の不安定な自己像が示されていると推測できる。

　このような言語修飾や潤色がなされた反応は，自分自身や他者への態度などを投影している可能性がある。そして言語修飾は反応段階で被検者が自発的に述べた表現の方が，質問段階で説明として述べられた場合よりも，投影の程度が強いといえる。

　なお最近エクスナーとエルドバーグは，自己知覚クラスターの「投影された内容の検討」のステップにおいて，それまでのクラスターやステップで取り上げられなかった，反応内容のすべてを検討している。

第6章

対人知覚

　対人知覚のクラスターでは，被検者が他者をどのように眺め，対人関係でどのような行動をとろうとするかを明らかにしていく。これは表1－4のように11のステップに従って検討することで，①他者への関心や他者との相互作用の程度，②他者と親密になろうとして協力的な態度をとるか，③他者に警戒的・防衛的な態度をとるか，④他者に攻撃的な態度をもつか，⑤対人関係で孤立しがちか，⑥他者に支配的あるいは積極的態度をとろうとするか，⑦他者に従属的あるいは受動的態度をとろうとするか，⑧愛情欲求や依存欲求をどの程度もっているかなどを理解しようとする。対人知覚や対人行動は，人がおかれた状況や他者の行動によって影響されるが，このクラスターでは被検者の内面にある欲求・態度・対処様式・特性を理解し，被検者がバランスのとれた対人行動がとれる可能性を推測する。

1．CDI（対処力不全指標）　0～3（71％）

　　　（CDI ≦ 1　　20％：CDI ＝ 2　　25％：CDI ＝ 3　　27％：
　　　CDI ＝ 4　　22％　CDI ＝ 5　　7％）
　　　(CDI ＝ 4　　7％：CDI ＝ 5　　2％)
　　（平均　2.68：標準偏差　1.27：中央値　3.00）
　CDI（対処力不全指標）については，第2章「感情」を参照されたい。

2．HVI（警戒心過剰指標）　陰性（該当せず）（88％）

　　　（陽性　12％）　　*（陽性　4％）*
　HVI（警戒心過剰指標）については，第5章「自己知覚」を参照されたい。

3．a:p（積極的運動反応：消極的運動反応）

　a（Active Movement：積極的運動反応）：p（Passive Movement：消極的運動反応）は，対人知覚のクラスターと思考のクラスターで用いられ，①対人

関係での行動様式と，②思考の柔軟性の程度を表している。次のa（積極的運動反応）とp（消極的運動反応）の平均値が示すように，アメリカではaの平均値がpの平均値の2倍に近く（平均値はaがpよりも3.03大きい），エクスナー（Exner, J., 2003）は，aの多いことが積極的な行動など特殊な行動を表すとはいえないと述べている。しかしわが国の健常成人もaはpよりも多いが，差はそれほど大きくはなく，aが多い人は，積極的な行動をとる可能性が大きいといえそうである。

なおかつてピオトロウスキー（Piotrowski, Z., 1957）はM（人間運動反応）の運動の型を，①伸張運動反応，②屈曲運動反応，③阻害運動反応とに分け，これが人間関係における被検者の基本的役割を表すと述べている。彼の伸張運動反応は「跳ぶ，走る，踊る，持ち上げる，戦う，歩く」など，包括システムで積極的運動反応とコードされる運動であり，屈曲運動反応は「おじぎする，落ちている，座っている，ひざまずいている，横になっている，休んでいる」など，包括システムで消極的運動反応とコードされる運動である。ピオトロウスキーは，伸張運動反応の人が，「自己を主張し，自発的に活動し，主導性をもち，他人に頼ったり，かまったりしないで，自己の目標を追求し」，屈曲運動反応の人は，「自分より強い他者に頼り従順であり，その下で主導性や活動性を発揮するので，自己の責任を回避する」などと述べているが，包括システムの積極的運動反応と消極的運動反応の解釈にも参考になろう。

3-1. a（積極的運動反応） 3〜8（68％）
　　（a≦2　18％：a＝3〜4　31％：a＝5〜6　23％：
　　a＝7〜8　14％：a≧9　14％）
　（平均　5.09：標準偏差　3.07：中央値　5.00）
　（平均　6.76：標準偏差　2.87：中央値　7.00）

　aが多いのは対人関係において，積極的・活動的に行動し，他者に支配的に行動する傾向が強いと考えられるが，pとの比率を配慮しなければならない。

　なお統合失調症者ではa≦2の者は47％であり，a≧9の者は7％である。

3-2. p（消極的運動反応） 2〜5（65％）
　　（p≦1　16％：p≧6　19％）
　（平均　3.70：標準偏差　2.24：中央値　3.00）

(平均　3.73：標準偏差　2.34：中央値　3.00)

　pは被検者の行動が消極的であったり，対人関係において受動的で従属する傾向を意味するが，aとの比率を配慮しなければならない。aよりもpが多い人は，他者をリードするよりも，責任を他者に帰し，他者の決定や指導に従い，依存する可能性が大きい。

　なお統合失調症者ではp≦1の者は30％であり，p≧6の者は14％である。

3-3．aとpの比率
　　(a＞p　59％
　　　内a＝p＋1　15％：a＝p＋2　8％：a≧p＋3　36％)
　　(a＝p　9％)
　　(p＞a　33％
　　　内p＝a＋1　11％：p＝a＋2　7％：p≧a＋3　14％)

　エクスナーは，a：pの解釈が妥当性をもつには，4個以上の運動反応が必要であり，pの数がaよりも2以上大きい場合（わが国の健常成人では22％），対人行動において消極的で依存的な行動をとりやすいと述べている。上記の資料から見て，わが国の健常成人の場合，aがpより3以上大きい人は，行動が積極的・活動的であり，自分の欲求に従って行動する傾向があると推測できる。またpの数がaより多い人は，行動が受動的・消極的であり，自分の行動の決定を他者に任せる依存的行動をとりやすいと考えられる。エクスナーとエルドバーグ（2005）によると，p＞a＋1の者は10％であるが，上記のようにわが国の健常成人ではp＞a＋1の者は22％と高い値を示している。なお多くのpを答える人がFd（食物反応）を答える時は，依存性が強まるといわれている。

4．Fd（食物反応）　　0（65％）

　　　　(Fd＝1　26％：Fd≧2　9％)
　　　(平均　0.48：標準偏差　0.79：中央値　0.00)
　　　(平均　0.26：標準偏差　0.55：中央値　0.00)

　Fd（Food：食物反応）は成人よりも年少者に多く出現し，他者に依存したり，養育されようとする欲求を抱く人に生じやすい。Fdは，他者の支持を求

め，自分の要求に寛容であって，自分の要求のために他者が行動することを期待しがちである。また他者からの指示を求め，受動的な依存行動を示しやすく，時に成人としての役割を回避する可能性も考えられる。

5．SumT（材質反応）　0（57％）

　　　（SumT＝1　29％：SumT≧2　14％）
　　（平均　0.60：標準偏差　0.82：中央値　0.00）
　　（平均　1.01：標準偏差　0.69：中央値　1.00）
　SumT（T，TF，FT：材質反応）は他者と親密な関係を求める欲求に関連するが，これについては第2章「感情」を参照されたい。

6．All H と H（人間反応の総和と人間全体反応）

　6-1. All H（人間反応の総和）　3〜8（73％）
　　　（All H≦2　12％：All H＝3〜5　43％：All H＝6〜8　30％：
　　　All H≧9　16％）
　　（平均　5.67：標準偏差　3.09：中央値　5.00）
　　（平均　6.29：標準偏差　2.66：中央値　6.00）
　対人知覚の変数としての All H（人間反応の総和）は，被検者の人間への関心と他者への見方を表している。なお All H を構成する H：Hd+(H)+(Hd)の比率が，自己知覚に関連してもつ意味は，第5章「自己知覚」で述べた通りである。

　All H≦2のように，人間に関する反応が少ないのは，他者への関心が通常よりも低く，親密な人間関係を避けようとしていたり，他者への敵意を抱いていたり，不安や抑うつ気分を伴っていることが多い。統合失調症者においては，All H≦2の者は28％であり，All H≧9の者は13％であった。これに対し適度の All H は，他者への肯定的で健康な関心を示している。All H が多すぎる場合は，他者を意識しすぎていて，他者への不信感や警戒心を表すことがある。

　All H によって他者の見方を推測する時は，H（人間全体反応）とHd+(H)+(Hd)（人間部分反応と想像された人間反応）の関係も考慮すべきであり，All H が多くても，H が少なかったり，その多くが想像された人間反応の場合は，他者についての考え方は現実よりも想像に基づいているので，他者を

十分に理解していないと考えられる。例えばワイナーはHd+(H)+(Hd)がHよりも多すぎる人は，現実に適所を得て楽しく生活している人との交際に不安を感じ，相手を非現実的な存在と考えることで，人間関係での恐れや不適切感を少なくしようとすると述べている。またエクスナー（1991, 1993）は，人間反応や想像された人間反応が，明るく肯定的な内容であれば，他者に好意的か楽天的な態度を示すとも述べている。

　次に人間反応の各コードに関する健常成人の数値と推測される仮説をあげるが，実際の解釈では各コードの具体的な反応内容の検討も必要である。人間反応の具体的な反応内容はさまざまであり，例えばHを「ボクサー」「踊り子」，Hdを「手のない人」「顔」「目」，(H)を「観音様」「ロボット」，(Hd)を「般若の面」「天狗の顔」などというように多くの内容が見られるが，これらについては第11章「内容分析」の該当箇所を参照されたい。

6-2. H（人間全体反応）　2～5（69％）
　　(H＝0　4％：H＝1　15％：H＝2～3　45％：
　　H＝4～5　24％：H≧6　12％)
　　(平均　3.09：標準偏差　1.92：中央値　3.00)
　　（平均　3.18：標準偏差　1.70：中央値　3.00）

　第5章「自己知覚」でも見たように，Hは現実の人間関係において，重要な他者を肯定的に見て，それに自分を同一視した経験のあることを示している。さらにHは他者を想像としてではなく現実的に理解し，他者に現実的な関心をもつことも表している。

　H（人間全体反応）が期待値であることは，通常，①他者に関心を抱いていて，②他者への感受性や共感性をもち，③他者との関係を快く肯定的に受け取るので，④成熟した人間関係を反映している。しかしH≧6のように多すぎる場合は，①過剰な自意識をもっていたり，②人間関係に過敏であり，②他者への敵意や警戒心を抱いて，他者の存在を気遣っている場合もある。

　他方，H≦1のように低いのは，①他者への関心の欠如や，②抑うつ気分を示す。しかし③時にはHを多く答える人と同じように，敵意や警戒心の存在を示すことも見られる。またHがまったく見られない時は，これらに加えてアイデンティティや自己イメージに問題があったり，他者と適切な人間関係を維持する技能を欠く場合がある。なおエクスナーとエルドバーグ（2005）に

よると，アメリカの健常成人では H＝0 が 4％，H＜2 が 17％であり，わが国の健常成人とほぼ類似している。

6-3. Hd（人間部分反応） 0～1（67％）
　　　（Hd＝0　31％：Hd＝1　36％：Hd＝2　17％：Hd≧3　17％）
　　（平均　1.34：標準偏差　1.38：中央値　1.00）
　　　（平均　1.14：標準偏差　1.26：中央値　1.00）

　H（人間全体反応）は通常，成熟し安定した対人関心を表し，Hd（人間部分反応）は人間関係の処理や他者の意図への不安を示すと考えられている。したがって Hd＞H の人は，他者の意図を疑ったり，警戒心が強かったり，他者と自分の関係を気遣いがちである。Hd も(H)も日常の人間関係を適切に処理できないと感じていることを表すが，Hd は他者との関係を一応現実的に維持しているのに対し，(H)は現実の人間関係から離れ，想像した空想の世界に逃避する傾向を示すようである。

6-4. (H)（想像された人間全体反応） 0～1（81％）
　　　((H)＝0　52％：(H)＝1　29％：(H)≧2　19％)
　　（平均　0.75：標準偏差　0.96：中央値　0.00）
　　　（平均　1.35：標準偏差　1.12：中央値　1.00）

　(H)（想像された人間全体反応）や(Hd)（想像された人間部分反応）を多く答える人は，自己イメージがやや歪んでいて，現実の人間関係で傷つきやすく，他者を客観的・現実的に理解しないで，想像によって他者をとらえがちである。

6-5. (Hd)（想像された人間部分反応） 0（63％）
　　　((Hd)＝0　63％：(Hd)＝1　26％：(Hd)≧2　11％)
　　（平均　0.51：標準偏差　0.76：中央値　0.00）
　　　（平均　0.62：標準偏差　0.87：中央値　0.00）

　(Hd)の内容として，わが国の被検者は「鬼の顔」「天狗の顔」など，想像された対象の「顔」を答えることが多い。

7．GHR（良質人間表象反応）：PHR（貧質人間表象反応）
GHR ＞ PHR　　（75％）

　健常成人の場合，GHR（Good Human Representation Responses：良質人間表象反応）の数がPHR（Poor Human Representation Responses：貧質人間表象反応）の数よりも多く（わが国の場合，約4：2である），おかれた場面に応じて，適切な対人行動がとれることを表している。

　なおわが国の被検者では，Ⅶ図W「人間が2人」の内容がP（平凡反応）とコードされ，Ⅶ図D1とD9の領域に「人の顔」(Hd)は出現頻度が1/3に達しないのでPとコード化されない。したがって，PではないHdはPHRになるので，人間表象反応の数値について，日本人とアメリカ人を比較する場合，この点を考慮する必要がある。

　ちなみにアメリカの健常成人ではGHR＞PHRの者は384人（85％）であり，わが国の健常成人でGHR＞PHRの者は300人（75％），GHR＝PHRの者は54人（14％），GHR＜PHRの者が46人（12％）である。

7-1．GHR（良質人間表象反応）　　2～6（75％）
　　　（GHR≦1　　10％：GHR≧7　　15％）
　　　（平均　4.30：標準偏差　2.33：中央値　4.00）
　　　（平均　5.06：標準偏差　2.09：中央値　5.00）

　エクスナーによるとGHRは効果的かつ適応した対人関係に関連し，GHRの多い人は他者への現実的な関心と肯定的な興味をもち，他者からよい評価を受け，対人関係に問題が見られないことが多い。

7-2．PHR（貧質人間表象反応）　　1～4（72％）
　　　（PHR＝0　　20％：PHR≧5　　9％）
　　　（平均　1.97：標準偏差　1.71：中央値　2.00）
　　　（平均　2.12：標準偏差　1.81：中央値　2.00）

　PHRの多い人は対人関係を効果的に処理できず，争いや失敗がよく見られ，社会生活を送るのが不器用であり，他者から好ましくない人と見られがちである。

表 6 − 1　COP と AG

	日本人		アメリカ人	
	人数	%	人数	%
COP = 0	136 人	34 %	49 人	11 %
COP > 2	68 人	17 %	164 人	36 %
AG = 0	293 人	73 %	196 人	44 %
AG > 2	4 人	1 %	32 人	7 %

8．COP と AG（協力的運動と攻撃的運動）

　COP（協力的運動）と AG（攻撃的運動）は，被検者が対人関係を基本的に協力的と考えているか，攻撃的と見ているかを示している。わが国とアメリカの健常成人での COP と AG の出現率は表 6 − 1 のようにやや異なる。

8-1．COP（協力的運動）　　0 〜 2（83 %）
　　　（COP = 0　　34 %：COP = 1　　30 %：COP = 2　　19 %：
　　　COP ≧ 3　　17 %）
　　（平均　1.27：標準偏差　1.27：中央値　1.00）
　　（平均　2.07：標準偏差　1.30：中央値　2.00）

　COP（Cooperative Movement：協力的運動）は，被検者が対人関係を肯定的に眺め，相互に協力するものだという態度と，協力的な交互作用への期待を表している。COP ≧ 3 のように高い人は，他者と調和した相互関係をもつことに強い関心を抱き，協力的行動をとることが多く，他者からも社交的な人と見られやすい。しかし，COP が見られても，形態水準がマイナスであったり，認知の歪みを表す特殊スコアがついている場合などは，このような意味になるとはかぎらないので，他のコードの検討が必要である。他方，COP = 0 の人は，他者と協力することにあまり関心がないために，非社交的な人と見られることがある。しかし上記の数値のように，アメリカ人と比較してわが国の被検者の COP の出現率はやや低く，COP が見られないからといって，ただちに人間関係を協力的な関係と見ていないとか，他者との交流を好まないとはいえず，All H や T や Isolation Index（孤立指標），H の内容などを検討して解釈する必要がある。

8-2. AG（攻撃的運動）　　0（73％）
　　（AG＝1　22％：AG≧2　5％）
　　（平均　0.34：標準偏差　0.66：中央値　0.00）
　　（平均　0.89：標準偏差　1.02：中央値　1.00）

　AG（Aggressive Movement：攻撃的運動）は，被検者が対人関係を，協力的なものと見ないで，自己主張的・競争的な関係と見る態度を表している。その結果，他者との親密な関係に距離をおきがちである。AG≧2のように高い人は，他者への敵意を有していて，対人関係を攻撃－被攻撃の関係として知覚し，対人関係で積極的に自己を主張したり，攻撃的になりやすいので，他者から攻撃的な人と見られやすい。なお反射反応を示す自己愛の強い人が，芸能人や政治家などの職業に適応するように，AG の多いことが不適応なのではなく，運動選手や警察官などにおいては AG の存在が望ましいし，AG が1個見られたから適応に問題があるとはいえない。また他のコードとの関連も見ていかねばならない。

　包括システムでの COP と AG は，現在生じている運動反応にコード化されるが，ガコーノとメロイ（Gacono, C., & Meloy, R. 1994）は，被検者の攻撃性をよりよく把握するために，内容を中心に4つの付加的カテゴリーを用いている。すなわち，① AgC（矢，爪のある悪魔，ピストル，火山など，危害を加えたり危険な内容），② AgPot（攻撃的な行動がまさに起ころうとしている状態），③ AgPast（つぶされたムシのように過去に攻撃的行為が起こっていたり，攻撃の目標となっていた対象），④ SM（攻撃的あるいは不快な内容が，被検者によって快の感情を伴って述べられているもの）である。このような攻撃的内容が攻撃性に関連することは従来から注目されており，ロールシャッハ・テストの解釈は構造分析だけによらないことに留意されたい。

8-3. COP と AG の比率
　　（COP＝AG　36％
　　　内ともに0　28％：ともに1　6％：ともに2　2％）
　　（COP＞AG　57％：COP＜AG　7％）

　COP と AG の解釈においては，両者の比較も大切であり，エクスナーは COP と AG のどちらも見られない人が，他者との肯定的な相互関係を期待したり維持しようとしないので，他者から非社交的と思われがちであるといって

いる。しかしわが国の健常成人の28％の者はCOPとAGのいずれをも答えないし，表6－1のようにCOPを答えない者は34％であるので，COPが見られないからといって，ただちに他者と協調することに関心がないとはいえない。

他方，COPとAGがともに生じる場合は，他者の見方に葛藤や混乱があり，他者を十分に理解できないことが多い。COPとAGのいずれもが多い人は，この傾向が強くなり，人間関係を協力的と見たり，攻撃的な関係と眺めたりして，一貫した対人行動をとりにくい。時には被検者自身が攻撃的な態度をもちながらも，表面的には協力的な様相を示したりする。したがって彼らの対人行動は予測しにくいといえる。

エクスナーはCOP＝0でAG＝0あるいは1の場合，「対人場面で居心地の悪さを感じやすく，他者から社交的な人とは思われない」し，COP＝1あるいは2でAG＝0か1の場合，「他者との肯定的な相互関係を期待し，そのような関係をもつことに関心がある。しかし具体的な対人関係がどのようなものかは，自己知覚や他の変数との関係で決まってくる」と述べている。

9．PER（個人的内容）　　0（81％）

（PER≧1　19％）
（平均　0.28：標準偏差　0.66：中央値　0.00）
（平均　0.99：標準偏差　1.10：中央値　1.00）

PER（Personal：個人的内容）は，「私が見たり経験したりしたことだから間違いない」と，自分が傷つかないように，対人場面で自分を正当化する防衛的態度を表している。これは「確かにあった」という権威的な根拠を求める，自信を欠く人に見られたりする。また「私の答は間違いない。誰もが知っている」と衒学的（知ったかぶり）に，知識をひけらかす態度となり，他者より優位に立とうとする知的な権威主義的態度を示し，自分に従わない人とは親密になりにくかったりもする。ウィルソン（Wilson, S., 1994）は，Fr（反射反応）とともに生じるPERが，過大視した自己イメージを表すと述べたように，「自分は何でもよく知っているし，経験している」と，自己を過大視した自己愛や自己万能感を示すこともある。なお統合失調症者でPER≧1の者は31％である。

10. Isolation Index（孤立指標）　0.05 〜 0.26（74 %）

　　　　(Isol ≦ 0.04　12 %：Isol ＝ 0.05 〜 0.07　12 %：
　　　　Isol ＝ 0.08 〜 0.20　49 %：Isol ＝ 0.21 〜 0.26　13 %：
　　　　Isol ≧ 0.27　15 %)
　　　（平均　0.16：標準偏差　0.10：中央値　0.14）
　　　（平均　0.19：標準偏差　0.09：中央値　0.18）

　Isolation Index（孤立指標）は Bt ＋ 2 Cl ＋ Ge ＋ Ls ＋ 2 Na/R の値であり，いずれも人間に関連しない反応内容で形成されている。孤立指標は一方向の変数であり，低い値は特別の意味をもたない。Isolation Index（孤立指標）が高いのは，他者への関心を欠き，他者と積極的に交流することなく，社会的に孤立する傾向を表し，数値が高くなるほど，その傾向は強くなり，引きこもりやすい。エクスナー（1991, 1993）は，孤立指標の高い被検者は，社会的ネットワークがなく孤独で，社会活動から離れている人だといっている。またワイナーは，多くの知人や家族をもちながら，孤立指標の高い人の場合，人生において重要な役割を演じる人を実際にはほとんどもっていないとも述べている。孤立指標を形成する反応内容に関する数値と，個々の反応内容の意味については，第 11 章「内容分析」を参照されたい。

11. ペアを伴う M（人間運動）と FM（動物運動）

　エクスナーによると，社会的交流の仮説をより明確にするには，ペア反応を伴うすべての運動反応を検討し，①一貫した相互作用が見られるかどうかを確かめ，②相互作用の説明にどのような言葉が用いられているかを調べねばならない。このためには，ペア反応の内容を読み，肯定的な関係と否定的な関係のどちらを重視しているのか，ペア反応が少なすぎて人間関係にあまり関心を示さない可能性があるのか，相互作用に関する奇妙な言葉づかいが見られるかなどを検討しなければならない。

第7章

情報処理

エクスナー（Exner, J., 2003）は認知活動に関するクラスターを認知の3側面と呼び，①情報処理（情報を入力する方法），②認知的媒介（入力された情報が翻訳され明確にされる時に生じる作用），③思考（入力された情報を明確化した後に生じる思考過程であり，翻訳された情報を概念化する仕方）の3つの心的過程が互いに密接に関係すると述べている。

情報処理とは上記のように，情報をインプットする方法であり，このクラスターでは，被検者が新しい情報（刺激）にどのように注意を向け，いかに組織化の努力をしているかを明らかにする。このクラスターは表1-4のように，あらかじめ次の4つの変数の結果を考慮しながら，8つのステップに従って検討していく。

あらかじめ検討すべき変数

あらかじめ検討すべき4つの変数は，①EB（体験型），②L（ラムダ），③OBS（強迫的様式指標），④HVI（警戒心過剰指標）である。次のエクスナーの言葉に見られるように，これら4つの変数を検討することで，被検者が外界からの情報（刺激）を処理するために行う努力や動機づけを念頭におかねばならない。

①ステップ4のW：Mの解釈にあたり，エクスナーは「EBの外拡型と内向型のWの数値はほぼ同じだが，内向型は外拡型よりもMの数が多いことを考慮しなければならない」といっている。既述のように，外拡型と内向型の変数の差異については，われわれも現在検討中である。

②Lがハイラムダ（第2章「感情」参照）の人は，情報処理にあたり逃避的で非個性的な注意の仕方をしている可能性が大きくなる。

③OBS（第4章「自己知覚」参照）陽性の人は，完全主義から細部にとらわれすぎ，かえって情報（刺激）を適切に取り入れられない。

④HVI（第4章「自己知覚」参照）陽性の人は，外界を信用せず，用心深

く，情報（刺激）のすべての特徴を調べようとして，かえって全体を適切に把握できなくなったりする。

なおクラスターを検討する時，情報処理から始める鍵変数に，L＞0.99とPTI（Perceptual-Thinking Index：知覚と思考の指標）がある。PTIはかつてSCZI（Schizophrenia Index：統合失調症指標）と呼ばれていた指標が修正されたものである。DEPIがうつ病の診断指標でないのと同じように，PTIは統合失調症を鑑別するための診断指標ではない。これは心理機能の2つの重要な領域である，認知の正確度（Reality Testing：現実検討力）と思考の明確性（Ideational Clarity：概念の明確性）の程度を表し，PTIの値が高いことは，この2つの機能に潜在的な問題があると考えられる。

1．Zf（組織化活動反応数）　10 〜 18（71％）

　　　（Zf ≦ 9　14％：Zf ＝ 10 〜 11　14％：Zf ＝ 12 〜 17　53％：
　　　Zf ＝ 18　5％：Zf ≧ 19　15％）
　　（平均　14.23：標準偏差　4.65：中央値　14.00）
　　（平均　13.45：標準偏差　4.22：中央値　13.00）

ベック（Beck, S., 1949）に基づき，包括システムでも組織化活動（Organizaitional Activity）をZとコードしている。Zf（Z frequency：組織化活動反応数）は，情報（刺激）を注意深く眺め，自分の世界を意味のあるように統合しようとする動機づけや努力を表している。これは統合と正確さを求める知的な努力を示し，知能・達成欲求・洞察力などに関連する。Zfが高い人は，①新しい情報（刺激）に対し，正確な注意を向けようとして，細部にも配慮するので，②高知能を示したり，③新しい情報や経験の統合に通常以上に努力する人である。他方，Zfの低い人は，①軽率，②不注意，③意欲の欠如，④知的な問題などを示しやすい。

　なおZスコアの与えられる反応は，Ⅰ図D4の「背中を合わせて説教している2人の僧侶」のような統合反応（D+）だけでなく，Ⅰ図・Ⅴ図の「コウモリ」「チョウ」のように，組織化されていない全体反応（Wo）も該当する。わが国の被検者はインクブロットを全体として知覚しやすいので，上記の数値のようにZfの値はアメリカの健常成人よりも高い。

2．W：D：Dd（領域の比率）

　W：D：Dd（領域の比率）は，直面する課題や環境に対し，被検者が心理的エネルギーをどのように用いるかを表している。これは新しい情報（刺激）を取り入れる努力の仕方を示し，WとDとDdが期待値にあれば，情報処理の仕方に問題がないといえる。この比率においてWが高いのは，あいまいな刺激（情報）をまとめて処理するのに過剰な努力をしており，Dが高いのは，できるだけ努力をしないで，情報を簡単に処理することを表している。さらにDdが高いのは，通常ではない情報処理の仕方を示し，警戒的態度や，完全主義の態度を示したり，時に思考や感情の偏りや混乱を表したりする。領域の比率について，エクスナーはDがWの1.3～1.6倍の間にあると述べ，ウィルソン（Wilson, S., 1994）はWが1に対しDが1.5か2.0が普通であるといっている。しかしわが国の被検者は，DよりもWを多く答え，Dが1に対しWが1.5倍ぐらいが普通である。したがってDdを別として，WがDの値より高いからといって機械的に上記の仮説を適用しないで，DQ（発達水準）とFQ（形態水準）も参照することが必要である。

　今回の健常成人の資料によると，領域の数は通常，次の範囲にある。したがってRが17～31ぐらいの被検者で，次の範囲を逸脱しているのは，情報処理の仕方が通常と異なるので，どの領域が多く選ばれているかを見て，その意味を検討しなければならない。

2-1．W（全体反応）　　7～15（75％）

　　（W≦6　11％：W＝7　5％：W＝8～14　62％：
　　W＝15　7％：W≧16　15％）
　　（平均　11.53：標準偏差　4.59：中央値　11.00）
　　　（平均　9.10：標準偏差　3.70：中央値　8.00）

　インクブロットという刺激全体を処理するには，通常，積極的な努力が必要であるから，W（Whole：全体反応）は，知能，統合力，洞察力，抽象力，創造力，計画性，要求水準などに関係するといわれてきた。しかし同じWであってもDQ（発達水準）によって，次のように意味が異なるので，多いWがただちに統合力や抽象力を表すとはいえない。

　①W+は，情報（刺激）の統合や組織化にあたり，分析能力と統合能力を

適切に働かしていることを示し，自分の欲求を外界の現実と理性的に調和させ，計画的に実行できる能力を表す。Ⅰ図Wを「3人が手をつないで踊っている」と答える反応などは，W+とコードされる。

② Wv/+はW+と同じように，知覚した対象を分析・統合する努力をしているが，理性や計画性にやや欠ける面が見られる。例えばⅧ図W（∨）の「マグマが地下にあって，山を通して，噴火して燃えている」などはWv/+とコードされる。

③ Woは努力をしなくても全体が知覚できる比較的単純な反応であるから，複雑なことを避けようとする態度にも関連する。Woは必ずしも高い能力や統合力を示さず，分析能力に乏しい面もあるが，通常の生活を送るのに必要な，ものの見方や知能を反映している。

　Ⅰ図やⅤ図のWでPやCとコードされる「コウモリ」「チョウ」などは，典型的なWoである。

④ Wvは漠然としてあいまいな印象に基づいたWであるから，情報（刺激）を適切に処理できず，乏しい想像力，意志の弱さ，不安などに基づく逃避性を表しやすい。例えばⅠ図Wの「島」「地図」などはWvとコードされる。

既述のように日本人はDよりもWを多く答えるが，DQo（普通の発達水準）ではなく，DQ+のWが多い人は，物事の複雑な関係を把握しようとしたり，慣習的な出来事よりも抽象的・理論的なことに関心が強いといえる。なお，すべての反応がWであるのは，DQと関連させて解釈しなければならないが，外界刺激を適切に弁別・統合して組織化しないで，与えられた課題全体をそのまま単純に把握して処理しようとする，可塑性の欠如と結びついたり，時に強迫傾向を表したりもする。

2-2. D（一般部分反応）　　4～16（76％）

　　（D≦3　10％：D＝4～6　27％：D＝7～9　22％：

　　D＝10～12　15％：D＝13～16　13％：D≧17　14％）

　（平均　9.55：標準偏差　5.65：中央値　8.00）

　（平均　12.66：標準偏差　4.75：中央値　13.00）

出現頻度が5％以上の領域として定義されたD（Detail：一般部分反応）は，領域の明白な部分を知覚して意味づけており，W+のような分析能力と統

合能力を必要としないので，環境の明白な特徴に反応し，心理的エネルギーの消費を節約することを示している。D は一般に，①物事を具体的・客観的に眺め，②実際的・常識的に課題にアプローチし，③現実的・具体的・経験的な，ものの見方をする傾向を表している。D が多い人は，日常直面する具体的な出来事に注意を向け，慣習的な状況では適切に行動するが，分析したものを統合したり，可塑的な見方をするのがやや困難といえる。

2-3. Dd（特殊部分反応）　0〜3（79％）
　　（Dd＝0　14％：Dd＝1〜3　65％：Dd＝4　10％：
　　Dd％≧5　12％）
　　（平均　2.44：標準偏差　1.97：中央値　2.00）
　　　（平均　1.60：標準偏差　2.06：中央値　1.00）

　かつてクロッパー（Klopfer, B. et al., 1954）は Dd を次の4つに分けていた。すなわち，①明白な構造をもちながら，多くの被検者が注目しない微少な領域を意味づける dd（些細なことへのこだわり，知ったかぶり，強迫的な傾向を示す），②インクブロットの輪郭だけを意味づける de（何事にも深く入り込むことを恐れ，状況の周辺にとどまる傾向に関連する），③通常用いられないインクブロット内部の濃淡などを意味づける di（やや病的な主観性を表すが，感受性や不安にも関連する），④インクブロットの性質に関係なく，領域を任意に区切って意味づける dr（通常と異なる独断的な見方をし，他者とのコミュニケーションがうまくいかない傾向を示す）である。しかし包括システムではこのような分類ではなく，W でも D でもない領域への反応を Dd とコードしている。

　Dd（Unusual Detail：特殊部分反応）は課題解決にあたって情報を取り入れる時，通常と異なるアプローチをする傾向を表している。しかし少しの Dd が見られるのは，環境への反応の仕方に可塑性があり，よい意味での完全性を示すこともある。このようないわば長所としての Dd は，インクブロットに答える時，最後の方の反応として生じることが多く，反応の初めから Dd が出現するのは，情報の取り入れ方や心理的エネルギーの使い方が慣習的でないことを示している。

　Dd≧4 のように Dd が多いのは，①問題への異なるアプローチをとろうとする可塑的な努力を示す場合もあるが，②完全性を求める強迫傾向や自己顕示

性，③情報を独断的に取捨選択する傾向，④不安を和らげるために細かい仕事に没頭する傾向，⑤ウィルソンがいう「明白で具体的な事物への懐疑的態度」により，表面的・非本質的なことに逃避する傾向などに関係する。したがってDdが多すぎる人はやや風変わりな印象を与えやすい。

4-1．S（空白反応）　0～4（77％）

　　　（S＝0　10％：S＝1　18％：S＝2　20％：S＝3　18％：
　　　　S＝4　11％：S≧5　23％）
　　　（平均　2.92：標準偏差　2.04：中央値　3.00）
　　　（平均　2.37：標準偏差　1.97：中央値　2.00）
空白反応については第2章「感情」を参照されたい。

3．反応領域の系列

　反応領域の系列では，図版ごとに領域の選ばれる順序を調べて，情報処理の仕方が一貫しているかどうかを検討する。わが国の被検者では，Ⅲ図を除いた図版には，まずWを選んで意味づけ，各図版の最後にDdが出現する傾向がある（西尾，高橋，1998）。こうした一貫したアプローチをしている場合は，情報処理の方法と努力が規則的である。これに対し，図版によってアプローチが異なり，領域が選ばれる系列にまったく一貫性が見られない場合，情報処理の方法と努力に一貫性を欠いている。なおWがより出現しやすい図版やDの知覚が容易な図版もあり，領域の系列については，第10章「系列分析」を参照されたい。

4．W：M　Mが1に対しWが2～5（56％）

　　　（W/M＜2.00　23％：W/M＝2.00～3.00　30％：
　　　　W/M＝3.01～4.00　18％：W/M＝4.01～5.00　9％：
　　　　W/M＝5.01～8.00　10％：W/M＞8.00　10％）
　　　（平均　3.95：標準偏差　3.10：中央値　3.00）
　W：Mは，被検者の要求水準（動機づけ）とその人が有する潜在能力との関係を表すと考えられ，アメリカの健常成人の場合，Mが1に対しWが2ぐらいの比率であれば，両者のバランスがとれている。わが国の健常成人385人（400人中Mを答えなかった15人を除いた人数である。なおWを答えない者

は見られなかった）について見ると，わが国の被検者はWを答える者が多く，健常成人の約半数の者がM1に対しWが2～5の範囲という比率で答えている。なおこの変数を解釈する場合は，R（反応数）に留意し，EB（体験型）が内向型の者はMの数が多いことを考慮しなければならない。

したがってW：M＜2（W：Mの比率でMを1としてWが2に達しない時）のようにWが少ない場合，被検者は自分の目標を低く設定したり，達成目標を明確にするのに用心深く控え目であったり，自分の能力を発揮できないと感じていたり，時に他者から意欲が低く積極的に努力をしない人と見られる可能性がある。

他方，W：M＞5（W：Mの比率でMを1としてWが5を越える時）のようにWが多い場合，被検者は，自分の潜在能力を越えた動機づけ（要求水準）をもち，課題に必要以上の努力をしていることを表している。つまり被検者は自分の可能性を過大視し，通常以上に高い目標を抱き，現在の能力に妥当と思える以上のことを達成しようとしている。児童や軽躁病者や累犯性の犯罪者の中には，Mに比べてWの多い者がかなり見られる。

5．Zd（組織化活動反応値）　－6.0～＋3.0（65％）

(Zd ≦－6.5　21％：Zd＝－6.0～－2.0　32％：
Zd＝－1.5～＋1.5　26％：Zd＝2.0～3.0　8％：
Zd ≧ 3.5　14％)
(平均　－2.22：標準偏差　4.88：中央値　－2.00)
(平均　0.25：標準偏差　3.71：中央値　0.00)

Zd（Z difference：組織化活動反応値）は，Zスコアの合計値のZSumと，Zfに基づく期待値（Zest）との差である。Zdは人が情報（刺激）を適切に取り入れて処理する能力を示し，わが国の健常成人のZdが，－6.0～＋3.0の範囲にある時は，とくに取り上げる必要はない。

Zd ≦－6.5のように低いのは，情報（刺激）を取り入れる過程で，不注意なことを示している。彼らは，1つの情報（刺激）を他の情報と関連させて注意深く検討せず，多くの可能性を考えないで，情報の取り入れを性急かつ場あたり的に行いがちである。包括システムではこれを情報の「取り込み不足（Underincorporation）」と呼んでいる。このような人は，あまりにも早く，時には軽率に情報を処理し，物事を表面的に眺め，関連する情報を見落とすよう

に，注意散漫であったり，課題を解決する持久力を欠如しがちである。

他方，Zd ≧ 3.5 のように高いのは，情報（刺激）を取り入れる過程で，不注意になることを避け，完全を求めることを表している。このような人は，自分が適切に処理できる以上に，多くの情報を取り入れようとしたり，あらゆる情報（刺激）に近づこうとしたり，几帳面であったり，慎重であったり，多くの努力をしがちである。包括システムではこれを情報の「取り込み過剰（Overincorporation）」と呼んでいる。彼らはあらゆる情報（刺激）の手がかりを利用しようとするが，努力しすぎて非効率となりがちである。また自分が努力したにもかかわらず，不十分な結果だと思い，不満足感を抱いたり，時に重要な情報とそうでない情報を区別できず，優柔不断な状態となったりする。彼らは課題解決において良心的であるが，反面，性急に結果を求められると混乱しやすい。

なお（とくに青年において）S（空白反応）との統合による Zd が高いのは，一時的な情報の取り入れ過剰であり，過度の警戒心や強情さや反抗性を示唆しやすいとエクスナーは述べている（1991, 1993）。

6．PSV（固執反応）　　0（76 %）

　　　（PSV ＝ 1　　19 %：PSV ≧ 2　　5 %）
　　（平均　0.31：標準偏差　0.61：中央値　0.00）
　　　（平均　0.12：標準偏差　0.38：中央値　0.00）

PSV（Perseveration：固執）は注意の転換が困難なことを表している。PSV が高いのは，幼児を別として，心理的に混乱していたり，神経学的に問題をもつ人のことがある。統合失調症者では PSV ≧ 2 の出現率は 14 % と高く，とくに同じ内容を他の図版にも答える固執が目立つ。PSV は情報を取り入れる際，自分の態度を変えにくい人に見られ，外界の変化を無視する，可塑性のない見方をする人に生じる。なお被検者によっては，固執された内容に特別の意味をもつ場合があるので，PSV の内容にも注目すべきである。

7．DQ（発達水準）の分布

繰り返し述べるが，実際の臨床場面でロールシャッハ・テストを解釈する時，ある 1 つの変数だけを取り上げるべきではなく，つねに他の変数との関係を考慮しなければならない。包括システムではとくにこのことに注意して，変数の

クラスターを問題にするのであり，領域の解釈においても，Ⅶで述べたように，領域を検討する時，DQ（Developmental Quality：発達水準）などを参照しなければならない。DQ は認知の成熟度と認知の複雑さを示し，情報（刺激）を効率的に分析・統合する意志や能力に関連し，情報処理の性質を表すと考えられる。また情報処理の性質を理解するには，どの図版において DQ+ や DQv が出現したかを検討することが大切である。

7-1. DQ+　3〜9（77％）
　　　（DQ+ ≦ 2　11％：DQ+ ＝ 3　11％：DQ+ ＝ 4〜7　51％：
　　　DQ+ ＝ 8〜9　15％：DQ+ ≧ 10　12％）
　　（平均　5.88：標準偏差　3.01：中央値　5.00）
　　　（平均　8.43：標準偏差　3.07：中央値　8.00）

　DQ+ は情報（刺激）に直面した時，自分の経験を生かそうとする知的な努力によって，適切に情報を分析・統合する過程を表している。DQ+ の多い人は，通常，知的に高く，熟考する人であり，精神状態が単純ではなく，自分の経験を統合する傾向がある。そして DQ+ の少ない人は，これらの点に問題を示しやすい。しかし DQ+ が高くても，FABCOM（作話的結合）が多いのは，統合失調症者の反応によく生じるように，現実世界では生じない関係を想像していて，必ずしも適応した指標ではない。また DQ+ が S と結合している場合，良好な情報処理を表すだけではなく，環境に敵意を抱いていたり，外界を否定的に眺めている可能性もある。

7-2. DQo　10〜22（73％）
　　　（DQo ≦ 9　13％：DQo ＝ 10　6％：DQo＝11〜19　58％：
　　　DQo＝20〜22　10％：DQo ≧ 23　14％）
　　（平均　15.78：標準偏差　5.99：中央値　15.00）
　　　（平均　14.29：標準偏差　4.66：中央値　14.00）

　DQo は情報（刺激）を処理する時，心理的エネルギーをあまり働かさず，努力をしないで，要領よく適当に情報を処理する人に見られる。この値が高すぎる人は，単純さを求め，複雑なことを避けようとしがちである。

7-3. DQv　0〜2（78％）

（DQv＝0～1　59％：DQv＝2　19％：DQv＝3　11％：
　　DQv≧4　11％）
　　（平均　1.55：標準偏差　1.55：中央値　1.00）
　　（平均　0.37：標準偏差　0.72：中央値　0.00）

　DQvは努力しないでも答えられる反応であり，成人に生じることは少なく，児童に生じやすい。DQvは情報（刺激）を極端に単純化し，対象を漠然とした印象によって不正確に知覚する反応でもある。ラーナー（Lerner, P., 1998）がいうように，DQvは自己を表すことを恐れてテストへの防衛的態度を示すこともあるが，知的能力が低かったり，退行していて現実を正しく把握していない人や，神経学的に問題のある人に見られたりする。統合失調症者では，DQv≧3の出現率は50％と高く，多すぎるDQvは精神的退行を示すと考えられる。

7-4. DQv/+　0（76％）
　　（DQv/+ ＝1　20％　DQv≧2　5％）
　　（平均　0.30：標準偏差　0.61：中央値　0.00）
　　（平均　0.27：標準偏差　0.61：中央値　0.00）

　エクスナーによると，DQv/+が成人や青年の記録で出現することは少なく，計画性や論理性にやや欠けていて，成熟した情報処理を行いにくい。

8．発達水準の系列

　発達水準（DQ）の系列は，領域の系列とともに，情報処理の努力の仕方を表している。情報処理にあたり，複雑さを避け単純に要領よく情報を処理する人はDQoを答えやすく，注意深く統合しようとする人はDQ+を答えがちである。しかしこれは被検者のパーソナリティだけではなく，図版自体がもつ性質にも左右される。例えば一般にⅡ・Ⅲ・Ⅶ・Ⅷ・Ⅹ図などはDQ+が出現しやすく，Ⅰ・Ⅳ・Ⅴ・Ⅵ・Ⅸ図はDQ+が少ないといわれている。
　かつてⅠ図からⅦ図までの発達水準がDQoとDQ+であり，Ⅷ図以後の図版のすべての発達水準がDQv/+とDQvという被検者に出会ったことがある。このような人はインクブロットの色彩に強く影響されたことを示し，感情が不安定になると情報処理が適切に行えないと推測できる。発達水準の系列については，第10章「系列分析」を参照されたい。

第8章

認知的媒介

　情報処理において，注意を向けて取り入れた刺激（対象）を，記憶痕跡と照合して処理（認知）する過程が認知的媒介である。認知的媒介のクラスターでは認知の仕方が正確か不正確か，慣習的か個性的かなどを検討し，現実の状況に適した行動をとれそうか，非現実的で歪められた行動をとりやすいかなどを明らかにする。このクラスターは表1-4のように，あらかじめ3つの変数について検討した結果を考慮しながら，6つのステップに従って検討していく。

あらかじめ検討すべき変数

　あらかじめ検討すべき3つの変数は，①R（反応数），②OBS（強迫的様式指標），③L（ラムダ）である。
① 認知的媒介のクラスターでは％の値が多く用いられるが，少ないRの記録は，Rの多い記録よりも，％に対する1個の反応の影響が大きいことを配慮して検討する必要がある。Rについては第1章「ロールシャッハ・テストの解釈」を参照されたい。
② OBS（第4章「自己知覚」参照）陽性の人は，完全を求め，慣習から逸脱しないように，用心深く反応する可能性がある。
③ 高いL（ハイラムダ：第4章「自己知覚」参照）の人は，多くの情報を無視して，情報を単純化しがちであり，低いL（ローラムダ）の人は情報（刺激）に影響されすぎ，どちらも不正確で歪んだ見方で情報（刺激）をとらえがちである。

1．XA％（全体適切形態反応）と WDA％（WとDにおける適切形態反応）

　エクスナー（Exner, J., 1997）は，これまで用いていたX＋（良形態反応）とXu（特殊形態反応）を，従来通り別個に検討するとともに，どちらも形態の知覚には歪みがないことから，両者を加えた数値のRに対する比率をXA％

として表すようになった。さらにこれらの反応が，WとDの領域だけで出現する比率をWDA%として示している。

健常成人においてはXA%もWDA%も次のように類似した値である。

1-1. XA%（全体適切形態反応） 0.86〜0.96（66％）
　　　（XA%≦0.80　6％：XA%＝0.81〜0.85　9％：
　　　　XA%＝0.86〜0.90　27％：XA%＝0.91〜0.96　39％：
　　　　XA%≧0.97　20％）
　　（平均　0.92：標準偏差　0.06：中央値　0.93）
　　　(平均　0.88：標準偏差　0.07：中央値　0.89)

　XA%（全体適切形態反応）の値が期待値にあるのは，現実検討力があり，慣習的な行動がとれることを表している。この値が高すぎるのは，自分のおかれた状況を配慮しすぎて，慣習的な見方や行動をとろうと努力しすぎたり，正確性を求めすぎる傾向が強い。またXA%が低すぎるのは，現実検討力に問題があり，適切な判断力を失っている可能性がある。

1-2. WDA%（WとDにおける適切形態反応） 0.87〜0.97（62％）
　　　（WDA%≦0.82　7％：WDA%＝0.83〜0.86　7％：
　　　　WDA%＝0.87〜0.90　19％：WDA%＝0.91〜0.97　43％：
　　　　WDA%≧0.98　25％）
　　（平均　0.93：標準偏差　0.06：中央値　0.94）
　　　(平均　0.91：標準偏差　0.06：中央値　0.91)

　WDA%（WとDにおける適切形態反応）は明白な状況での判断力を表し，XA%と同じような意味を有している。WDA%に比べてXA%の値がかなり低い場合は，明白な状況では適切に判断して慣習的な行動をとれるが，あいまいな状況におかれると，不適切な判断をしやすく，感情が混乱しやすい。

2．FQxnone（無形態反応）　0（96％）

　　（平均　0.05：標準偏差　0.22：中央値　0.00）
　　　(平均　0.15：標準偏差　0.41：中央値　0.00)

　FQxnone（無形態反応）は，インクブロットを意味づける時，被検者が自分の内的刺激に影響されすぎて，通常用いられる形態（輪郭）を無視する反応で

ある。この中で最も多いのは C（純粋色彩反応）であるが，C'，T，V なども生じ，被検者が強い感情に影響されていることを表している。また Hx（人間体験的反応）とともに生じる Mnone（無形態の人間運動反応）は，十分に統制されていない思考活動を表すとエクスナーは述べている。

3．X-%, FQx-, FQxS-, Dd 領域での FQ-（マイナスの形態水準）

FQ（Form Quality：形態水準）は，被検者が自分自身や外界を現実的かつ正確に認知して，適切な行動をとれる程度を表している。FQ がマイナスとなる反応は，情報（刺激）の取り入れにあたり，情報（刺激）を単純化しすぎるなど，被検者の努力や動機づけが通常でないことを示している。形態水準がマイナス反応の多くは，思考や感情に影響され，客観的な判断ができずに現実を無視した反応であり，被検者の内的世界を投影しがちである。

3-1. X-%（不良形態反応）　　0 〜 0.11（74 %）
　　（X-%＝ 0 〜 0.05　37 %：X-%＝ 0.06 〜 0.11　37 %：X-%＝
　　0.12 〜 0.17　18 %：X-% ≧ 0.18　8 %）
　　（平均　0.08：標準偏差　0.06：中央値　0.07）
　　（平均　0.11：標準偏差　0.07：中央値　0.11）

X-%（不良形態反応）は，形態水準がマイナスとコードされた反応の R に対する比率であり，歪曲され不正確に知覚された反応を示している。X-% は現実検討力の低下を示し，被検者が不自然な考えをしていたり，感情が不安定であったりして，自分や外界を現実的・慣習的にとらえられないことを表している。X-% が高い人は，誤った判断の結果，外界を現実的に正確に判断できず，情報を歪めて受け取り，他者の意図や行為を誤って理解し，自分の行動の結果を客観的に予測しにくい。彼らは社会適応に問題を示すことが多く，抑うつ気分や軽躁状態などいちじるしい情緒の混乱を表したり，パーソナリティ障害や精神障害の状態にあることが多い。高い X-% は現実検討力が低下し，客観的に現実をとらえられず，外界を歪めて知覚し，不適切な行動をとりやすい。統合失調症者で X-% ≧ 0.20 の者は 75 % である。

なおワイナー（Weiner, I., 2003）は，An の多い X- が身体機能に対する非現実的関心を示すと述べており，X-% や次の X- の検討においても，他の変数との関係を考慮しなければならない。

3-2. FQx−（マイナス全体形態反応）　0 〜 2（70 %）
　　（FQx−＝0 〜 1　47 %：FQx−＝2　24 %：FQx−＝3　14 %：
　　　FQx−＝4　10 %：FQx−≧5　6 %）
　　（平均　1.96：標準偏差　1.67：中央値　2.00）
　　（平均　2.73：標準偏差　2.01：中央値　2.00）
　FQx−（マイナス全体形態反応）は形態水準がマイナスの反応の出現個数であり，この変数の意味は上述の X−% と同じである。なおマイナス反応の答が，ただちに問題を示すと考えるべきではなく，健常成人にも１つ２つのマイナス反応は生じがちであり，その人の個性的な特徴を示したりする。

3-3. S−（マイナス空白反応）　0（72 %）
　　（S−＝1　22 %：S−≧2　7 %）
　　（平均　0.37：標準偏差　0.65：中央値　0.00）
　　（平均　0.58：標準偏差　0.89：中央値　0.00）
　S−（マイナス空白反応）は，形態水準がマイナスの空白反応の出現個数であり，これは FQx−（マイナス全体形態反応）に含まれている。S−は拒絶や怒りの強い構えをもち，反抗的な性格で，怒りっぽい人の可能性がある。S については第２章「感情」を参照されたい。S−の多い人は，怒りや恨みの感情によって現実検討力が妨げられがちで，S−が FQx−の半分以上の場合，怒りや恨みや拒絶などの否定的感情のために，心理機能が低下している可能性がある。

3-4. Dd 領域の FQ−（マイナス Dd 反応）　0（61 %）
　　（Dd−＝1　30 %：Dd−≧2　9 %）
　　（平均　0.51：標準偏差　0.76：中央値　0.00）
　Dd 領域のマイナス反応は，W や D の形態水準がマイナスの場合と異なり，問題は大きくないとエクスナーは述べている。しかし答えられることがまれなインクブロットの領域を選んで，特異な対象を意味づけることは，被検者の特異な認知の仕方や投影を表す可能性が強く，反応内容に注意すべきだと，われわれは考えている。

3-5. 同質性の問題
　エクスナー（2003）によると，マイナス反応は思考の構え，先入観，情緒要

因などから生じ，次のような可能性がある。
　①マイナス反応が各図版の初めに出現し，その後は普通の反応という場合，気乗りがせず，いい加減に答えている可能性がある。
　②すべてのマイナス反応がⅠ図～Ⅲ図に生じる場合，被検者が課題の性質を理解していない不安や，テストへの否定的態度（この場合はSを含んでいる）による心理機能の一過性の低下の可能性がある。
　③上述のように大部分のマイナス反応がSの場合，心理機能の低下は拒絶や怒りの感情に関連し，色彩図版に多くのマイナス反応があれば，怒り以外の感情による混乱が影響していることがある。
　④運動反応（M，FM，m）に多くのマイナス反応があれば，現実を歪める奇妙な思考をしている可能性がある。またM−は歪曲された自閉的な思考の存在を表し，FMとmのマイナス反応は，注意集中が困難となり，論理的思考がしにくくなっている。
　⑤反射反応（Fr，rF）や形態立体反応（FD）がマイナスであるのは，自己イメージによって認知機能が低下している。
　⑥マイナス反応の多くが形態反応（F）であるのは，現実を歪めた認知を表している。
　⑦反応内容の同じカテゴリーに属する反応がマイナス反応である時は，その反応内容に関連する先入観によって認知機能が低下している。

3-6. マイナス反応の歪みの程度

　個々のマイナス反応が示す現実無視の程度は一定ではなく，反応内容によって異なり，認知機能の低下がいちじるしい場合と，中程度の場合がある。エクスナー（2003）はⅡ図・Ⅲ図・Ⅹ図に生じる「顔」などが，中程度の歪曲を示すマイナス反応であると述べている。しかしわが国の被検者が，これらの「顔」を答える頻度は2％以上と高いので，われわれは「顔」の形態水準を普通反応とし，「形態水準が同じように普通反応とコードされる反応でも，形態がやや歪められた反応がある」と考え，解釈において留意することにしている（高橋・高橋・西尾，2002）。

4．P（平凡反応）とC（共通反応）

4-1. P（平凡反応）　4～7（74％）
　　（P≦3　12％：P＝4　18％：P＝5～6　42％：
　　　P＝7　15％：P≧8　14％）
　　（平均　5.48：標準偏差　1.79：中央値　5.00）
　　（平均　6.28：標準偏差　1.53：中央値　6.00）
　　（エクスナーのPの中にはわが国のPと合致しない反応内容があり，P
　　の出現する図版と個数も異なっている）

　わが国の被検者の反応内容によると，11個のP（Popular：平凡反応）と5個のC（Common：共通反応）が見られるが，Pは被検者が生活しているコミュニティや文化に合致した思考ができる能力を表し，とくに明確な状況での，課題解決や意思決定にあたり，被検者の文化で容認されている慣習的な行動がとれる程度を示している。

　P≦3のようにPが少ないのは，判断力が損なわれ，被検者が所属している文化の認める思考をしにくいことや，常識的・慣習的な行動が期待される場面でも，そうした行動をとりにくく，個性的な反応をすることを表している。統合失調症者でのP≦3は35％であり，非社会的・反社会的行動をする人は一般にPが少ない。他方，P≧8のようにPが多いのは，過度に紋切り型の思考をしたり，慣習にとらわれすぎる傾向もある。なお強迫傾向や完全主義の傾向をもつ人にPが多いのは，彼らが社会に容認されることに強い関心を抱いているからであろう。

4-2. C（共通反応）　1～2（77％）
　　（C＝0　19％：C≧3　4％）
　　（平均　1.18：標準偏差　0.79：中央値　1.00）

　Pが健常成人の1/3に見られる反応内容であるのに対し，C（共通反応）は1/6の出現率の反応内容である。CもPと同じような意味を有している。したがってP≦3のようにPが少なくても，Cが1～2個存在する時は，低いPの所見をそのまま採用するべきではない。統合失調症者ではCが1～2の者は53％，C＝0の者は45％であり，Cの出現率もやや低い。

5．FQ+（普通・詳細反応）

　（平均　0.54：標準偏差　0.93：中央値 0.00）

　包括システムでは，出現頻度の高い，FQ（形態水準）がoとなる反応について，知覚した対象の細部とインクブロットの細部の形態の合致している点を，普通以上にくわしく説明している場合，普通反応（o）ではなく，普通・詳細反応（+）とコード化する。しかし現在のところ，われわれはこのコード化が主観的判断になりやすいと考えているので，プラスの形態水準をコードとして用いていない。ただしプロトコルの反応を読み，形態水準が詳細な反応である場合，その解釈にあたっては次のエクスナー（2003）の見解が参考になる。

　「FQ+が多いのは詳細で正確であろうとし，意思決定において過度に用心深かったり，完全主義の傾向があったりする。他方，被検者が十分な教育を受けていたり，知能が高かったりするのに，プラスの形態水準の反応が見られないのは，意欲の欠如や防衛的構えや，時には認知的媒介の過程が損なわれている可能性がある」。

6．X+%（良形態反応%）と Xu%（稀少形態反応%）

　ここでは被検者の反応が慣習的で現実に適したものか，あるいは個人的な反応であるかを取り上げる。

6-1．X+%（良形態反応%）　0.64～0.87（72％）
　　（X+%≦0.63　14％：X+%＝0.64～0.67　10％：
　　X+%＝0.68～0.72　18％：X+%＝0.73～0.77　17％：
　　X+%＝0.78～0.82　16％：X+%＝0.83～0.87　11％：
　　X+%≧0.88　14％）
　　（平均　0.75：標準偏差　0.11：中央値　0.75）
　　（平均　0.68：標準偏差　0.11：中央値　0.70）

　X+%とXu%は既述のXA%を構成する変数である。X+%（良形態反応）は形態水準がoあるいは+とコードされた反応の合計のRに対する比率である。X+%は被検者の慣習的な認知の仕方や適切な現実検討力の程度を反映する。外界の知覚は，被検者の思考や感情によって複雑に影響されるが，X+%は注意を集中して現実を検討し，取り入れられた情報を社会の要求に合致する

ように処理する程度を表している。

したがってX+%が期待値にあるのは，現実を正しく認知し，社会の期待するような行動がとれることを示している。しかしX+% ≧ 0.88のように高すぎるのは，慣習的な認知をしていて，社会的要求に合致した行動をとれるにしても，個性を示すよりも社会に是認されることを過度に求めたり，完全主義や強迫傾向が目立ったり，紋切り型になりすぎたり，可塑性を失いがちである。

他方，X+% ≦ 0.63のように低いのは，①不正確な認知と現実検討力の低さを表し，②自己の内的世界や欲求に支配され，③感情体験を適切に調整できないことが多い。X+% ≦ 0.63は健常成人の14％に対して，統合失調症者では70％の高い出現率を示している。低いX+%の場合，個性が強すぎて慣習的な認知ができないためか，現実を大きく歪めた認知をしているのかを知るために，次のXu%や既述のX-%との関係を眺めねばならない。

なおX+%，Xu%，X-%の形態水準は，われわれの形態水準表（2002）によっている。したがってアメリカ人の基準に基づくロールシャッハ形態水準ポケットガイド（1995）によると，わが国の被検者のX+%の値は低くなることを考慮する必要がある。

6-2. Xu%（稀少形態反応%）　0.07～0.26（73％）
（Xu%≦0.06　14％：Xu%＝0.07～0.11　14％：Xu%＝0.12～0.16　22％：Xu%＝0.17～0.21　23％：Xu%＝0.22～0.26　14％：Xu%≧0.27　13％）
（平均　0.17：標準偏差　0.09：中央値　0.16）
（平均　0.20：標準偏差　0.09：中央値 0.19）

Xu%（稀少形態反応）は形態水準がuとコードされた反応のRに対する比率である。Xu%は現実を歪める認知の仕方をしてはいないが，世界を自分なりの見方で解釈する程度を表し，Xu%が多い人は自分自身の欲求や思考や行動様式に支配されて外界を処理しがちである。Xuを解釈する場合にはプロトコルを読み，①防衛的で慎重に反応しているのか，②個性的であろうとして，可塑性と想像力の豊かさを示しているのか，③慣習的な行動を無視しようとしているのかなどに留意して解釈すべきである。エクスナーはXuが非常に個性的な人と，インプットされた情報を翻訳する媒介過程に問題をもつ人を区別できると述べ，精神障害のある人に比べ非社会的な人が，X-よりもXuを多く

答えるといっている。われわれの資料でも $Xu\% \geqq 0.27$ と高いのは，健常成人では 13 % であり，統合失調症者では 6 % であるのは，このことを表すのかもしれない。

# 第9章

思　考

　注意を向けた情報を取り入れ，記憶痕跡と照合して認知した内容を，取捨選択してどのような概念を形成するかが思考の過程である。思考のクラスターでは，論理性，首尾一貫性，柔軟性など，現実生活を送るのに適した思考特徴が見られるのか，非論理性，固執性，過度の空想化や思いこみなどが目立ったり，注意を向けていないのに生じる，まとまりのない思考（周辺的思考）が多かったり，感情に支配された思考にはしりやすいのかなどが取り上げられる。

　思考過程のクラスターは，表1－4のように11のステップに従って，以下の順序で検討される。

1．EB（体験型）とL（ラムダ）

　第2章「感情」で述べたように，内向型の人は内面生活を重視し，課題解決や意思決定にあたり，感情よりも思考に重点をおき，決定までに時間がかかりがちである。外拡型の人は他者と関係をもつ生活を重視し，課題解決や意思決定において思考よりも感情に重点をおき，試行錯誤的にただちに決定する傾向がある。両向型の人は課題解決への一貫した対処様式をもたず，意思決定にあたり感情から離れて判断する時と，感情のまま直観的に思考するように，思考と感情の働かせ方が不定の人といわれている。しかし既述のようにわが国の健常成人の場合，両向型の人は豊かな思考と感情をもち，状況に応じて思考と感情を適切に働かせる可塑性のある対処様式のことが多い。

　L（ラムダ）ではハイラムダの場合，視野の狭い思考を行いやすく，ローラムダの場合は，情報（刺激）に巻き込まれすぎて，適切な思考ができなかったりすることを念頭におかねばならない。

　なおEBとLについては，第2章「感情」を参照されたい。

2. EBPer（体験型固定度）

EBPerについては，第2章「感情」を参照されたい。

3. a:p（積極的運動反応：消極的運動反応）

a:pは第6章「対人知覚」の変数としても用いられ，対人関係での行動様式を表すが，思考のクラスターとして，思考の柔軟性の程度も表している。エクスナー（Exner, J., 2003）によると，a:pの比率は「思考の構えや価値観が固定している程度」を示している。非論理的で誤った判断をしていて，態度や価値観が変わりにくい人は，柔軟な思考をすることができず，狭い枠組みの中で思考するので，先入観や偏見をもちやすく，自分の考え方以外の方法がないと思いがちである。しかし思考が論理的かつ明確に行われている人の場合は，固定度がそれほど問題とはならない。

エクスナーによると，$a+p \geq 5$であって，一方の値が他方の2倍よりも大きい時は，思考の仕方や価値観が変わりにくく，柔軟性が見られない。aとpの差が大きい人ほど自分の見方にこだわり，可塑性のない思考をするので，心理療法に抵抗して，早く中断しやすいといわれている。他方，aとpの値にあまり差のない人は，柔軟な思考が可能であり，自分の価値観を変えることが容易である。なお，わが国の健常成人400人について$a:p \geq 5$であって一方の比率が他方の2倍よりも多い者は146人（37％）である。

a:pについては，さらに第6章「対人知覚」を参照されたい。

4. HVI（警戒心過剰指標），OBS（強迫的様式指標），MOR（損傷内容）

4-1. HVI（警戒心過剰指標）
（HVI陽性　12％）　　*（HVI陽性　4％）*

HVI（警戒心過剰指標）については第5章「自己知覚」を参照されたい。

4-2. OBS（強迫的様式指標）
（OBS陽性　0％）　　*（OBS陽性　1％）*

OBS（強迫的様式指標）については第5章「自己知覚」を参照されたい。

4-3. MOR（損傷内容）　0（69％）
　　（MOR＝1　24％：MOR≧2　8％）
　　（平均　0.42：標準偏差　0.72：中央値　0.00）
　　（平均　0.93：標準偏差　1.01：中央値　1.00）

　MOR（損傷内容）は「自己知覚」の変数としても用いられ，否定的な自己知覚を表し，自分に対し悲観的な見方をしていることを示すが，思考のクラスターとしては悲観的構えによる思考を表している。エクスナーは悲観的構えがMOR≧3に目立ち，外界と自分の関係を疑いと失望によって考え，どのような努力をしても，物事は悲観的な結果になると思いこみ，時には自分の不幸の原因を他者に帰属させたりすると述べている。

　MORについては，さらに第5章「自己知覚」を参照されたい。

5．eb（基礎体験）の左辺（FMとm）　2～7（74％）

　　（FM+m≦1　11％：FM+m＝2～3　24％：FM+m＝4～7
　　50％：FM+m≧8　15％）
　　（平均　4.80：標準偏差　2.77：中央値　4.00）
　　（平均　5.61：標準偏差　2.51：中央値　5.00）

　通常，eb（基礎体験）の左辺の値がebの右辺よりも大きいことは，第2章「感情」で述べた通りである。FM+mは人が特定の対象について思考している時に，注意を向けていない考えが自然に起こり，注意を集中している意図的な思考に干渉する程度を表している。

5-1. FM（動物運動反応）　2～6（72％）
　　（FM≦1　18％：FM＝2～4　50％：FM＝5～6　21％：
　　FM≧7　11％）
　　（平均　3.67：標準偏差　2.39：中央値　3.00）
　　（平均　4.04：標準偏差　1.90：中央値　4.00）

　FM（動物運動反応）については第3章「統制とストレス耐性」を参照されたい。

5-2. m（無生物運動反応）　0～1（68％）
　　（m＝0　37％：m＝1　31％：m＝2　19％：m≧3　14％）

（平均　1.13：標準偏差　1.15：中央値　1.00）
　　　（平均　1.57：標準偏差　1.34：中央値　1.00）
　m（無生物運動反応）については第3章「統制とストレス耐性」を参照されたい。

6．Ma：Mp（積極的人間運動反応：消極的人間運動反応）

　人は考えたことを実行に移すだけではなく，実行することを空想する存在であるが，Ma（M active：積極的人間運動反応）と Mp（M passive：消極的人間運動反応）の比率は,M（人間運動反応）が表す考えを，実行に移すのか，空想にとどめているのかを示している。すなわち，Ma が多い人は，能動的に課題を解決していこうとするが，Mp の多い人は行動するのに消極的となりやすい。

　エクスナーによると，通常，Ma の値は Mp の値よりも大きく，Ma ＞ Mp の人は不快なことを処理する時，過度の空想にはしらず，積極的に現実に即した思考をする人である。これに対し，Ma ＜ Mp の人は自分自身で問題を解決するよりも，現実を否定して空想に逃避し，他者がそれを解決してくれることを空想しやすい。Ma ＜ Mp の人は，思考が空想的で，建設的な計画よりも，願望に基づいた思考や魔術的思考によった逃避的な計画をしやすく，他者（人間だけではなく，運命や想像された力）が自分を援助してくれるだろうという期待を抱き，他者に受動的・依存的になりやすい。

　なおアメリカの基準では Mp ＞ Ma の健常成人が103人（23％）であり，わが国の健常成人（M が0の者を除く385人）では，Mp ＞ Ma の者が139人（36％）とアメリカの健常成人よりも多い。またわが国の健常成人で，Ma ＝ Mp の者は54人（14％），Ma ＞ Mp の者は192人（50％）である。

6-1. Ma（積極的人間運動反応）　1～4（68％）
　　　（Ma ＝ 0　21％：Ma ＝ 1～2　41％：Ma ＝ 3～4　27％：
　　　Ma ≧ 5　12％）
　　　（平均　2.23：標準偏差　1.91：中央値　2.00）
　　　（平均　2.93：標準偏差　1.67：中央値　3.00）

　上述のように，Ma の数が多いのは，さまざまな考えを自主的に取捨選択し，他者に頼らないで，自分の考えを実現しようと自発的・積極的に行動する傾向

を示唆している。

6-2. Mp（消極的人間運動反応）　1～3（65％）
（Mp＝0　24％：Mp＝1　24％：Mp＝2～3　40％：
Mp≧4　12％）
（平均　1.75：標準偏差　1.48：中央値　2.00）
（平均　1.93：標準偏差　1.37：中央値　2.00）

Mpの数が多いのは，困難な状況に対処できず，現実から逃避して，空想に耽る傾向を表す。Mpの多い人は受動的で責任を回避して他者に依存し，行動は優柔不断となりやすく，心理療法では治療者が援助してくれるだろうという期待を強く抱きがちである。エクスナーは内向型でMpが多い場合，これらの特徴が強くなると述べている。

7．Intellectualization Index（知性化指標）　0～2（78％）
（Intellect＝0　29％：Intellect＝1　31％：
Intellect＝2　19％：Intellect＝3　11％：Intellect≧4　11％）
（平均　1.57：標準偏差　1.61：中央値　1.00）
（平均　2.17：標準偏差　2.15：中央値　2.00）

Intellect（Intellectualization Index：知性化指標）の値が高いのは，知性化が防衛の機制になっていることを示している。Intellectについては，第2章「感情」を参照されたい。

8．Sum6（6つの重要な特殊スコア）と WSum6（重みづけた6つの重要な特殊スコア）

DV（Deviant Verbalization：偏倚言語），**DR**（Deviant Response：偏倚反応），**INCOM**（Incongruous Combination：不調和結合），**FABCOM**（Fabulized Combination：作話的結合），**ALOG**（Inappropriate Logic：不適切な論理），**CONTAM**（Contamination：混交）の6つの特殊スコアは，思考の歪みやずれに関連する変数である。この中でDV，DR，INCOM，FABCOMの4変数は，逸脱の程度によってレベル1とレベル2に区別される。特殊スコアの意味を検討するには，以下に述べることを配慮すべきである。

エクスナーは特殊スコアの表す思考のずれに関し，DV1，INCOM1，DR1

表9-1　6つの重要な特殊スコア

	平均	標準偏差	中央値	平均	標準偏差	中央値
DV（偏倚言語）	0.14	0.38	0.00	0.34	0.67	0.00
DV2	0.00	0.00	0.00	0.00	0.07	0.00
DR（偏倚反応）	0.06	0.23	0.00	0.85	1.01	1.00
DR2	0.00	0.00	0.00	0.03	0.18	0.00
INCOM（不調和結合）	0.23	0.53	0.00	0.71	0.93	0.00
INCOM2	0.00	0.00	0.00	0.06	0.25	0.00
FABCOM（作話的結合）	0.40	0.74	0.00	0.45	0.77	0.00
FABCOM2	0.00	0.00	0.00	0.05	0.24	0.00
ALOG（不適切な論理）	0.01	0.11	0.00	0.04	0.21	0.00
CONTAM（混交）	0.00	0.00	0.00	0.00	0.00	0.00

は心理機能の軽度の低下や不注意な状態を示し，明確には思考できないことを表し，DV2，FABCOM1，INCOM2，ALOG が中度の思考の歪みを表し，重度の思考の歪みを表すのは DR2，FABCOM2，CONTAM であると述べている。

われわれの資料による健常成人の6つの重要な特殊スコア（Sum6：Sum6 Special Scores）の値を次にあげる。6つの重要な特殊スコアは「認知機能の歪み」を表すので，認知機能に障害のない人と，障害のある人を区別するためのものである。6つの特殊スコアをコードするべきかどうかの判断に迷ったり，レベル1とレベル2のいずれをコードすべきかの判断に迷う時は，控え目の態度をとってコードをつけなかったり，レベル1とコードする。

8-1. Sum6（6つの重要な特殊スコアの数）　0〜1（79％）

（Sum6 ＝ 0　51％：Sum6 ＝ 1　29％：

Sum6 ≧ 2　21％）

（平均　0.84：標準偏差　1.13：中央値　0.00）

（平均　2.54：標準偏差　1.90：中央値　2.00）

健常成人の Sum6 ≧ 2 の者は21％であるが，統合失調症者では Sum6 ≧ 2 の出現率は75％と高い。健常成人で Sum6 が多くなるのは，論理的思考ができず，思考を適切に統制したり方向づけられないことを表している。

8-2. Lvl2（6つの重要な特殊スコアのレベル2の数）　　0（100％）
　　（平均　0.00：標準偏差　0.00：中央値　0.00）
　　（平均　0.15：標準偏差　0.39：中央値　0.00）

　健常成人の Sum6 のほとんどはレベル1であり，軽度の不注意や論理的誤りであって，現実吟味力のいちじるしい低下と思考の歪みを表すレベル2ではない。レベル2の重要な特殊スコアは健常成人では通常生じないが，統合失調症者におけるレベル2の出現率は62％と高い。

8-3. WSum6（重みづけた6つの重要な特殊スコアの値）　　0～3（68％）
　　（平均　2.44　標準偏差　3.48　中央値　0.00）
　　（平均　7.12　標準偏差　5.74　中央値　6.00）

　健常成人の WSum6 ≧ 4 の出現率が32％であるのに対し，統合失調症者では77％の高さを示している。

9．重要な特殊スコアの評価

　日常生活における些細な言い間違いや記憶違いは，誰にでも時々生じるものであり，レベル1の DV, DR, INCOM, そして日本人の場合は FABCOM も多すぎないかぎり，とくに大きな問題とはならない。
　DV1（レベル1の DV）はインクブロットを処理する時の，わずかな失敗であり，軽度の不注意や思い違いなどを表している。DV1 は厳密で明確なコミュニケーションを進める場合の妨げとはなるが，認知の些細な誤りであって思考の歪みとはいえない。健常成人の場合，DV1 が教育歴やコミュニティなどの副次文化に影響された言語表現のこともあれば，まれに想像力や創造性を表すことも見られる。他方，DV2 は何かにとらえられた深刻な認知の誤りであり，通常の生活での円滑なコミュニケーションが妨げられている。なお，すべての変数についていえるが，とくに重要な特殊スコアの場合，数値のみから機械的に推論するのではなく，プロトコルの具体的な内容を読み，被検者の副次文化や生活史を検討することが大切である，
　DR1 は課題解決という問題から離れようとする態度を示し，判断力の乏しさや脱線しがちな思考を表している。他方，DR2 は非論理的・恣意的・衝動的な思考を示し，思考の歪みを表している。
　INCOM1 は奇妙な思考ではないが，異なる概念を正確に区別できず，客観

性や判断力をやや失っていたり，不十分な教育歴を示すこともある。これに対しINCOM2は奇妙なこじつけの論理を示し，何かにとらわれた先入観をもっていたり，現実を無視した歪んだ思考を表している。

FABCOM1は不合理な統合ではあるが奇妙さがなく，論理の崩壊というよりも，幼稚な思考や退行した思考を表している。わが国の健常成人に見られるFABCOM1には，おとぎ話や童話的な内容が多く，文化の影響がかなり見られ，統合失調症者のFABCOMとは異なる内容が多い。他方，FABCOM2は現実無視の誤った思考を表し，現実吟味力を失った思考障害を示している。なおFABCOMは，①分裂した自己概念を統合しようとする葛藤，②アイデンティティの拡散，③自己と他者との境界の混乱などにも関連するようである。

ALOGは，こじつけの論理であり，因果関係を誤って形成する判断力の悪さを表し，貧困な論理や誤った判断を示している。ALOGは慣習的な通常の理由づけとは無関係な論理形式であり，思考過程の障害として，精神病的な連想を示している。

CONTAMは現実をいちじるしく無視した思考を表し，思考を一定の方向に維持できず，自我境界を喪失していて，対象を明確に知覚できない精神病的な知覚である。CONTAMはめったに出現しない反応であり，精神障害を疑える指標となる。

なお健常成人の場合，DV1が0の者は88％，1～3の者が13％，INCOM1が0の者は82％，1～3の者が19％，DR1が0の者は94％，1の者が6％，FABCOM1が0の者は72％，1～4の者が29％見られたのに対し，DV2とINCOM2とDR2やFABCOM2はまったく見られなかった。さらにALOGについては0の者が99％，1の者が1％あり，CONTAMはまったく見られなかった。

なおわれわれがコードしているSD（Special Description：特異な答え方）の健常成人での出現率は，平均0.14　標準偏差0.39　中央値0.00であり，中には思考の歪みを疑わせる内容や被検者の特異な関心を示すことがあり，具体的な反応内容の検討が望ましい。

10. M（人間運動反応）の形態水準

思考のクラスターとしてのM（Human Movement：人間運動反応）を解釈するには，形態水準を配慮することが大切であり，M−（マイナス人間運動反

応）や Mnone（無形態人間運動反応）は，健全な思考でないことが多い。健常成人の M の数値と形態水準の数値は次のようである。

10-1. M　2〜6（72％）
　　（M ≦ 1　15％：M ≧ 7　14％）
　　（平均　3.98：標準偏差　2.45：中央値　4.00）
　　（平均　4.83：標準偏差　2.18：中央値　5.00）

10-2. M+
　　（平均　0.42：標準偏差　0.72：中央値　0.00）
現在，われわれは形態水準に＋のコードを用いていない。

10-3. Mo　2〜5（71％）
　　（Mo ≦ 1　17％：Mo ≧ 6　13％）
　　（平均　3.37：標準偏差　1.98：中央値　3.00）
　　（平均　3.74：標準偏差　1.79：中央値　4.00）
Mo は通常の健康な思考を反映している。

10-4. Mu　0（69％）
　　（Mu ≧ 1　31％）
　　（平均　0.43：標準偏差　0.74：中央値　0.00）
　　（平均　0.44：標準偏差　0.81：中央値　0.00）
Mo よりもやや個性的な考え方を反映しがちである。

10-5. M−　0（86％）
　　（M− ≧ 1　14％）
　　（平均　0.16：標準偏差　0.42：中央値　0.00）
　　（平均　0.23：標準偏差　0.57：中央値　0.00）
　M−は慣習的・現実的な思考ができず，奇妙な混乱した思考や，現実から遊離した思考にはしる傾向を表す。M−の多い人は自分の欲求に従って思考する傾向が強いために，社会的な判断力を失い，他者の動機を正確に知覚できなくなり，対人関係で失敗しやすい。M−の多い人は妄想や幻覚をもつ統合失調症

者に目立ち，統合失調症者では M−≧1 の出現率は 31 % である。

10-6. Mnone　0（99 %）
　　（平均　0.01：標準偏差　0.10：中央値　0.00）
　　（平均　0.01：標準偏差　0.08：中央値　0.00）

　無形態の M は，感情によって明確な思考が妨げられていることが多い。統合失調症者では，Mnone ≧ 1 の出現率は 5 % である。

11. M（人間運動反応）の質

　ここでは M のすべての反応を読み直し，被検者の年齢相応に洗練され成熟された内容か，それとも未熟な内容かという質的検討を行い，思考の仕方を確かめる。

第10章
系列分析

1. 系列分析とは

　かつてクロッパー（Klopfer, B. et al., 1954）は，ロールシャッハ・テストの解釈が量的分析（Quantitative Analysis）と系列分析（Sequence Analysis）の2つの段階と，これらから明らかになった仮説を統合する最後の段階からなっていると考えていた。なお Sequence Analysis は継列分析や継起分析と訳されることもあるが，われわれは Sequence を系列と訳している。

　クロッパーによると，系列分析とは「図版の1枚1枚や反応の1つ1つを検討していく分析であり，各反応を解釈仮説に基づく概念に置き換えながら，系列（Sequence）として他の反応と関連づけて検討し，反応内容，テスト時の行動，言語表現，インクブロットの特徴を考慮しながら解釈を進める」ことである。彼は解釈過程の最後の段階を，「……量的分析に基づき適切と思われた仮説を，系列分析と内容分析で明らかになった仮説とを結びつけることである。この時，2つの分析段階（クロッパーは内容分析も系列分析に含めている）から確実になって，全体像と矛盾しない仮説はそのままにしておき，合致しないものを，統合され形成されてきたパーソナリティ像に照らして，放棄したり修正することが賢明である。……」と述べている。

　すなわちクロッパーがいうように，系列分析は人為的に分けた反応単位としてのスコア（コード）だけの解釈ではなく，被検者の反応を，インクブロットの特徴との関係や，言語化された反応内容，反応の潤色・推敲など言語表現の仕方，感想や質問を含むあらゆる言語表現，テストへの態度やテスト中の行動などと比較検討し，反応の流れにそって全体として検討し，自己や世界に対処する被検者独自の方法を理解する過程である。これは第1章でも述べた被検者への現象学的接近法であり，被検者を単に他者と比較することで理解するのではなく，その人の内的世界の力動性に注目し，独自の内的世界をもつ存在として被検者を理解することである。

しかし系列分析を行う方法は，量的分析（構造分析）のように標準化されていないので，具体的にどのように分析するかについての定式はない。例えばクロッパーは系列分析に役立つものとして次の12項目をあげている。

①各図版のインクブロットが，どのような反応領域，決定因子，反応内容，平凡反応を生じやすいかについての知識をもつ。

②領域の出現順序，領域の統合，インクブロットと領域の関係について，反応領域の用い方を検討する。

③図版ごとの反応数を検討する。

④決定因子の出現順序，インクブロットや反応領域や反応内容との関係から決定因子の用い方を検討する。

⑤形態水準が図版から図版，反応から反応へと変化する状態を検討し，形態水準が反応領域，決定因子，反応内容と，いかに関連しているかを検討する。

⑥反応段階や質問段階，あるいは限界吟味段階やテスト終了後に被検者が述べる感想を検討する。

⑦インクブロットや特殊な反応に関連しているようなテスト中の行動を検討する。

⑧図版から図版，反応から反応によって変化し，インクブロット，反応領域，決定因子，反応内容に関連している始発反応時間や反応時間を検討する。

⑨（記号化された）色彩反応だけではなく，インクブロットの色彩要素へのあらゆる反応の様相を考慮しながら，色彩力動を検討する。

⑩（記号化された）濃淡反応だけではなく，インクブロットの濃淡の変化によって変わるあらゆる反応の様相を考慮しながら，濃淡力動を検討する。

⑪反応段階で生じた反応と，質問段階や限界吟味段階で初めて出現した反応とを比較する。

⑫被検者と検査者との関係を考慮し，その関係がテストに及ぼす影響を検討する。

これに関連するが，クロッパーが「系列分析は熟練した検査者個人の秘教的な方法（esoteric art）であり，初学者に教えるのをためらわざるを得ない」とか，「実際には個々の事例によって，系列分析を教えていかざるを得ない」というように，系列分析を学ぶには，熟練した心理臨床家の指導と，検査者自身の豊かな臨床経験が必要だとはいえる。しかしそれが検査者の恣意的解釈と

ならないためにも，また口頭伝授で満足しないためにも，系列分析を定式化することが望ましく，系列分析の方法やその結果の妥当性の研究を，今後さらに行う必要があろう。

2．包括システムにおける系列分析

エクスナー（Exner, J.）は系列分析を，クロッパーと同じような意味では用いていないが，エクスナーの事例検討の場に参加したり，著書の事例解釈を読むと分かるように，包括システムの解釈において系列分析は決して無視されてはいない。またワイナー（Weiner, I., 2003）は，著書の中に「系列分析の指針」の章を設けているように，包括システムの系統的なステップ解釈でも，つねに系列分析が重視されている。

包括システムによるロールシャッハ・テストの解釈は，量的分析（構造分析）と質的分析（系列分析や内容分析やテスト中の行動の検討も含む）を照合し，さらに生活史と関連させながら，その人独特のパーソナリティの理解を意図している。したがって包括システムでは量的分析と質的分析をともに行うが，包括システムの解釈過程は，クロッパーのように，①構造（量的）分析によって仮説を立てる段階，②系列（質的）分析（内容分析を含む）によって仮説を立てる段階，③構造分析と系列分析からの仮説を検討し統合する最終段階とを区別してはいない。包括システムの系統的なステップ解釈では，順をおって変数の意味を推測する時，それを他の変数と関連させ，必要な場合，必ずもとの記録を読み，具体的な反応内容や反応の仕方を検討するので，量的分析には必ず質的分析が加わっている。

ただし心理臨床家が，治療セッション中のクライエントの発言のすべてに意味があることを認めながらも，そのセッションにおいてとくに重要な意味をもつ発言に注目するように，包括システムでは，Ⅰ図の第1反応からⅩ図最後の反応まで，順をおってすべての反応を検討していく形の系列分析を通常行わず，特定の反応を中心にした系列分析を行って解釈仮説を立てる方法をとっている。これは最初の反応から順にすべての反応を系列分析することが，ややもすれば重要な反応を見落としたり，忘却したり，時には主観的すぎる推論となったり，時間がかかりすぎるなど，非効率的な面を避けようとするからである。包括システムによらないラーナー（Lerner, P., 1998）も，包括システムと同じように，Ⅰ図の最初の反応から系列分析を行うのではなく，特定の反応として，

形態水準の低下，逸脱した言語表現の出現，図版の拒否，反応時間の遅延，純粋色彩反応の出現など，反応の形式面や反応内容で，検査者が注目した反応から系列分析を始めている。

包括システムではワイナーがいうように，「最も重要な反応をまず明らかにし，それを中心にした周りの系列を検討し，ついで反応の重要な流れとそうでない流れを系統的に眺める。こうして反応の重要な流れのすべてを考慮し，被検者のパーソナリティ機能を最もよく表しているものから，あまり示していないものへと順次検討できる」方法によっている。そして注目すべき反応を検査者の経験に委ねすぎないように，系統的な解釈の段階で必ず注目すべき特定の反応を明示している。例えば「自己知覚」の「投影された内容の検討」というステップで，①マイナス反応（形態水準の低下した反応），② MOR（損傷内容），③ M（人間運動反応）および H（人間反応），④ FM（動物運動反応）および m（無生物運動反応），⑤言語修飾と潤色の見られる反応による系列分析が行われている。さらにすべてのクラスターの解釈を行っていくステップの中で「質の検討」とある変数についても，同じように系列分析が行われている。こうした特定の反応について，その内容や反応の仕方，領域，決定因子，形態水準などとの関係，さらにその反応の前後の反応を流れとして検討し，被検者の自己意識や対人関心，無意識の欲求と防衛機制，行動様式などを推測し仮説を立てていく。したがって現在の包括システムでは，構造分析の過程における特定の変数を中心にして，同時進行的に系列分析を行い，さまざまな観点から反応を分析し，その推測に基づいて仮説を立てている。

　こうした系列分析を適切に行い，妥当性のある仮説を立てるには，テストを一定の方法で実施し，テスト時の状況や被検者のテスト時の行動を含め，被検者が反応した言語表現の逐語的な記録が必要である。また個々の反応の独自性や特徴の理解は，各図版に生じやすい領域，決定因子，内容などの数量的基準と比較し，できるだけ主観的な理解を避けることが望ましい。系列分析の具体的実施法にはまだ定式がなく，検査者が有するパーソナリティ理論により，異なる推測がなされがちであることを考慮し，できるだけ控え目の推測を行うべきであろう。

　既述のようにロールシャッハ・テストを解釈するには，構造分析，系列分析，内容分析のアプローチを総合するのであり，実際の解釈においてこれらを明確に分けることはできない。しかしクロッパーと同じように，あえてこの3つの

過程を区別すれば，このテストを学ぶ者はまずサイエンスとしての構造分析に習熟し，ついでアートとして内容分析を含む系列分析の経験を積んでいくことが適切と思われる。

次に系列分析の契機となる「投影された内容」の中から，2つの変数を取り上げて考察したい。

2-1. マイナス反応

ロールシャッハ・テストの反応の流れの中で，形態水準がマイナスの反応が出現した時，検査者は，その箇所でマイナス反応が生じた理由，それはどのような意味をもつのかなどを推測しなければならない。次に実際に見られたマイナス反応の例を取り上げ，系列分析の方法を示唆したい。

①第5章で述べたように，マイナス反応は被検者のパーソナリティを投影し，被検者の自己知覚や対人知覚を示す可能性が強い。かつてⅣ図Wを「クラゲ」というマイナス反応で答えた被検者がいたが，この反応内容を自己知覚と対人知覚のいずれが強調されているのか，どのような意味をもつかなどの仮説を立てるには，他の反応（変数）や他の情報と関連させて推測しなければならない。自己の投影という面から見ると，彼は「クラゲ」に，自分が弱い存在で，環境に流されていく存在と知覚している可能性があろう。しかしまた彼は「自分は，他者を刺す針をもっているぞ」と自分を眺めているとも推測できる。このように「クラゲ」というマイナス反応が象徴する意味を推測するのは内容分析である。次章で述べるが，ある反応内容が有する意味は確定したものではなく，自己知覚や対人知覚のどちらの投影が強いかを推測するのと同じように，その反応の前後の反応，他の反応（変数）や他の情報を参考にして推測すべきである。

②この被検者はⅣ図において，「クラゲ」の前の反応として，「巨人が両手をあげて立っている」という普通反応を答えていた。後述するようにⅣ図は権威像と関連するので，彼は権威像（具体的に誰かはテストだけの解釈の段階では不明であった）に恐れを感じ，自分は無力だと動揺した心理状態から「クラゲ」というマイナス反応を生じたとも推測できる。この反応の後，彼はⅤ図に移り，Wとして「これはコウモリ」とPを答え，彼が無意識に感じた不安を引きずらないで回復したことから，彼が心の痛手を修復できる人だと考えることもできる。このようにマイナス反応を，前の反

応と次の反応という流れの中で解釈することが系列分析である。
③マイナス反応から系列分析を進める時，上記の例では，被検者が知覚した「クラゲ」や「巨人」や「コウモリ」という反応内容自体に意味があったが，こうした具体的な内容ではなく，インクブロットの構造特徴により，被検者が現実検討力を一時的に低下させてマイナス反応を生じることもある。例えばⅣ図Wを「何か分からないから病原菌」とマイナス反応を答え，他の図版の反応を検討すると，濃淡の目立つ図版や領域にマイナス反応が多いなら，被検者が他者と密接な関係をもつことに，なんらかの懸念を抱く可能性も考えられる。同じようにマイナス反応が色彩図版に多いのは，感情を刺激されることや感情表現への不安を表すこともあれば，混乱した感情状態を示す可能性もある。これらのマイナス反応の解釈にあたっては，内容よりもインクブロットの構造に注目して系列分析を進める必要がある。
④また，すべてのマイナス反応が投影を表したり，被検者のパーソナリティについて重要な情報を与えるとはかぎらず，被検者の知的機能や判断力の低下を示すこともあるし，テストへの非協力的な態度からいい加減に答える反応もあるので，系列分析では他の変数との関係やテスト時の被検者の行動観察が欠かせない。

2-2. MOR（損傷内容）

既述のように，MOR（損傷内容）は，通常，否定的な自己イメージや悲観的な構えによる思考を表すが，マイナス反応と同じように，MORを中心に系列分析を行うことも必要になる。例えばⅠ図Wの「羽をちぎられたチョウ」はMORとコードされる反応であり，「私は飛ぶことができない，役に立たないチョウのように，無力な存在です」という自己イメージを表すと推測できる。この反応を契機とした系列分析を行うことで，被検者がこの反応に，①外界への被害感を表すのか，外界への敵意や攻撃性を示しているのか，②自分が抱く攻撃性を抑圧したり否認する防衛機制を示しているのか，③「自分が役に立たない（飛べない）」原因は，自分自身にあると自罰的になっているのか，外界にあると外罰的になっているのかなど，さまざまな特徴を理解することが可能となる。

また「羽をちぎられたチョウ」の反応をⅠ図ではなく，Ⅴ図Wに答え，さ

らに「子どもの時によく羽をちぎったことがあります」とPERがコードされる言語修飾と潤色がなされた例を見てみよう。Ⅰ図よりも均整がとれ「チョウ」と答えられやすいⅤ図WにMORを答えるのは，被検者の無力感や被害感あるいは敵意がかなり強いと推測できるし，PERの説明からむしろ抑圧した攻撃性を推測できるかもしれない。このようにMORの反応から始め，1つの反応をさまざまな要因や他の反応との関連で検討するのも系列分析である。

　ここではマイナス反応とMORを取り上げたが，既述のように包括システムでは，まず「投影を表す」反応を中心にして系列分析を行っている。しかしロールシャッハ・テストの解釈に慣れるつれて，さまざまな反応を契機とした系列分析を行うことも可能である。後述するように，被検者によっては，Ⅰ図の最初の反応とⅩ図の最後の反応に特別の投影がなされることがあるので，これに注目したり，特殊スコアのAG（攻撃的運動）やCOP（協力的運動）あるいはDVなどの逸脱した言語表現を契機とした系列分析を行うことで，臨床場面に役立つ多くの情報を得ることができる。

3．各図版の特徴

　既述のようにロールシャッハ・テストの反応には，インクブロットの構造によって誰もが知覚しやすい対象もあれば，被検者の投影によって知覚された個性的な対象もある。したがってロールシャッハ・テストから被検者のパーソナリティ特徴を理解するには，各図版の構造が，多くの被検者にどのように受け取られ，どのように答えられやすいかの特徴を理解することが必要である。

　例えば表10－1は，健常成人400人の中で始発反応時間を測定できた388人の数値である。また表10－2は各図版を拒否した被検者の数である。ただし包括システムでは被検者に図版を拒否させないようにつとめるし（高橋・高橋・西尾，2006），本書の健常成人400人のプロトコルは拒否のない被検者のみを対象としている。したがって表10－2はわれわれがかつて行った被検者（全体として本書の被検者よりも若い被検者である）が拒否した図版である（高橋・北村，1981）。この2つの表を見る時，多くの被検者にとって，無彩色図版よりも色彩図版，とりわけⅨ図が反応しにくく，Ⅴ図は最も反応しやすい図版であることなどが考えられる。また表10－2を見ると，神経症者がⅨ図に，犯罪者がⅡ図の処理に当惑する者が多いことが分かる。また表10－3が示すように，人間反応が出現しやすい図版と出現しにくい図版が存在するなど，

表 10 − 1　始発反応時間（秒）（健常成人 400 人中測定した 388 人に基づく）

	I	II	III	IV	V	VI	VII	VIII	IX	X
平均値	7.5	12.2	9.4	12.8	7.4	13.4	11.5	14.9	18.5	14.7
標準偏差	9.5	16.1	11.2	17.8	9.7	14.8	12.9	18.3	20.2	15.7
中央値	5.0	7.0	6.0	7.0	4.0	8.0	7.0	9.0	12.0	10.0
最頻値	3.0	3.0	3.0	5.0	2.0	3.0	5.0	8.0	3.0	3.0

表 10 − 2　各図版を拒否する者の出現率

	N	拒否人員	I	II	III	IV	V	VI	VII	VIII	IX	X
健常者	200	5				1		1		1	2	
（%）		2.5				20.0		20.0		20.0	40.0	
統合失調症者	120	14		2		3		5	1		5	4
（%）		11.7		10.0		15.0		25.0	5.0		25.0	20.0
神経症者	200	36		6	3	3	1	8	9	1	17	5
（%）		18.0		11.3	5.7	5.7	1.9	15.1	17.0	1.9	32.1	9.4
非行・犯罪者	200	50	1	28	2	5	2	21	8	5	14	8
（%）		25.0	1.2	21.4	2.4	6.0	2.4	25.0	9.5	6.0	16.7	9.5

（高橋・北村，1981による）

さまざまな点から図版の特徴を客観的に把握しておくことが系列分析を効果的に行う手がかりとなる。次に各図版で知覚されやすい反応を中心に、各図版の特徴をあげながら、系列分析で配慮すべきことを少し述べる。

I 図

テストが始まり I 図を与えられた被検者は、見慣れない、現実離れのした、やや漠然としたインクブロットに直面するので、I 図の処理の仕方は、新しい課題に出会った時の被検者の行動様式を反映し、これまでの生活において最も有効であった対処法を表すと考えられる。例えば、大多数の者が行う社会的慣習に従おうとするのか、未知の場面を回避するのか、要求される課題の意図を慎重に確かめようとするのか、見慣れない課題に不安を感じたり、課題から空想に逃避するのか、課題がおかしいと否定的・反抗的な態度を示すのかなど、さまざまな可能性が I 図の処理の仕方に示される。しかし表 10 − 1 から分かるように、健常成人群においては、I 図は V 図とともに始発反応時間が短く、この図版の処理に困難を感じる人は少ない。

多くの被検者は I 図の第 1 反応に P としての「コウモリ」や、C 反応とし

ての「チョウ」「ガ」「動物の顔」を短時間のうちに答える。彼らは，新場面を慣習に従い常識的に処理しようとする人だと考えられる。この場合，第1反応として「動物の顔」や「仮面」を答えたから「コウモリ」や「チョウ」を見た人よりも，他者の存在を意識したり，他者への警戒心を抱く人だと推測できるかもしれない。しかし日本人には，インクブロットの構造自体が「動物の顔」や「仮面」を連想させやすいので，実証的根拠がないかぎり，このような推測は慎重に行うべきである。けれども「私をにらむキツネの顔」のような言語修飾がなされている場合は，既述のように被検者の投影を示す可能性が高くなり，警戒心や他者への意識が強いといえる。

　また第1反応を，通常の始発反応時間で形態水準が o の内容で答える被検者は，新場面を建設的に解決していこうとする態度をもつと推測できる。他方，始発反応時間が早くてマイナス形態水準の反応をする被検者は，即行的あるいは衝動的になりやすい人であり，始発反応時間が遅くてマイナス反応を答える被検者は，なんらかの情緒障害をもつ人であったりもする。さらに，かなり長い間考えて普通反応を答える人が，慎重な人であると推測もできよう。またⅠ図はⅤ図についでC'（無彩色反応）の決定因子を伴う反応内容が多い図版であることを念頭におきながら，Ⅰ図の第1反応として「黒いマントを着た魔女」「黒い羽を広げたコウモリ」「色が黒いアゲハチョウ」などとFC'を伴った反応に，新場面に出会った被検者が，緊張感が強く自分の感情を抑制していたり，どちらかというと抑うつ的な気分の人ではないだろうかと仮に考えることもできる。

　いずれにせよ多くの心理臨床家は，Ⅰ図の最初の反応やⅠ図で通常生じない反応を答えた場合に注目しており，Ⅰ図の第1反応の個性的な表現は，ワイナーがいうようにサイン・イン（入室の署名）であり，自己紹介として被検者が「私はこういう者です」とか「私をこういう人間と思ってください」と述べていることが多い。したがって「コウモリ」というPであっても，修飾された言語表現によって，被検者のパーソナリティが投影されていることも多い。例えば「あちらに飛んでいくコウモリ」に，自分が見捨てられているという不安を，「襲ってくるコウモリ」に，被害感や猜疑心を，「羽の破れたコウモリ」に自己否定や悲観的な自分を訴えている可能性もある。同じようにD4に「人間」を答える被検者であっても，「指揮者」のように他の人を支配する姿を見る者も，左右（D4）の人と「手をつないで踊っている」と協調性を述べる者も，

左右の人に「攻撃されて，引きずられている」と知覚する者も見られ，こうした修飾された言語表現が被検者のパーソナリティの特徴を示す可能性がある。

　系列分析の過程において，検査者は被検者がどうしてこのような反応をしたかを，被検者の立場に立って共感しながら，ある反応を他の反応（情報）に関連づけ，さまざまな推測を行って仮説を形成し，パーソナリティ像を描いていくが，ある仮説を支持するような反応が増えるほど，その仮説は信頼できると考えられる。

II図

　I図が黒色図版であるのに対し，II図には赤色の領域が出現するので，それに注意が向けられ，被検者の情緒は動揺しやすい。このためか表10－1のように，始発反応時間はIII図やVI図よりも遅くなりがちで，反応の拒否も生じやすい。一般にII図の赤色領域は「血」と知覚されることが多く，怒りや敵意や破壊衝動などの情緒を刺激するようである。したがって赤色領域をどのように答えるかは，被検者の感情処理の仕方を示す手がかりとなる。

　被検者によっては，自分が抱く怒りや破壊衝動が喚起されるのを恐れて，II図に答えない者も見られる。例えば表10－2によると，神経症者がIX図を拒否しがちなのに対し，犯罪者はII図とVI図を拒否する傾向があり，II図は怒りや敵意の衝動などの情緒を刺激しているようである。

　したがってII図の反応を解釈する場合，情緒刺激をその人なりに処理していく過程を考えることが大切である。つまり「赤色」「赤インクのしみ」「血」などと答えて情緒の混乱を表す反応が見られても，それに続き類似の反応を答える者と，「2人が手をつないで踊っている」と混乱した情緒を回復した反応を答える者とでは，感情の統制が異なると推測するのも系列分析である。

　ロールシャッハ・テストの被検者は，知覚した多くの潜在反応を，先入観やなんらかの構えなどにより，短時間の間に順位づけ，検閲を行った後に，適切だと考えた反応を言語化する（エクスナー，1986）。したがってII図においても，多くの被検者は情緒が刺激され混乱した反応よりも，Pとなる，Wの「人間2人」やD1やD6に「動物」を答えがちである。しかしこの時でも「決闘をしている忍者が，互いに血を流している」とか，「血だらけになって喧嘩をしているクマ」などと怒りの感情を完全には抑制できないことを示したりもする。また一般にIII図の方が，II図よりも「人間2人」を答えやすいが，II

図の「人間2人」や「動物2匹」の反応でも，次のⅢ図で述べるように両者の相互関係の検討から，被検者の対人関係を推測できる。

さらに「血」に関連するが，男性の検査者に対し，D3を「生理の血」と答える女性の被検者がまれに見られる。この反応についても，ただちに社会規範からの逸脱と推測するのではなく，検査者と被検者の年齢や背景と人間関係を配慮して検討するように，ロールシャッハ・テストの解釈における推測は，つねにテスト状況や反応の全体的な布置に基づかねばならない。

また従来，Ⅱ図ではDS5が「子宮」や「女性器」を，D4が「男性器」が知覚されやすく，この領域をどのように処理するかが，被検者の性的関心を表すともいわれてきた。健常成人で性的反応を答える者は通常見られないが，混乱した精神状態にあったり，後に精神障害を発症した人に「性器」の反応が見られ，これらは社会規範の無視や，性的関心の強さや，性的関心への統制を失っているようである。

Ⅲ図

Ⅲ図はⅡ図と同じように赤色領域が存在するが，黒色領域の形態が「人間」を強く連想させるので，Ⅱ図の赤色による情緒の混乱を克服した被検者には，答えやすい図版である。表10－3が示すように，各図版における第1反応の内容として，H（人間反応）が最も多く答えられる図版はⅢ図であり，Ⅶ図とⅡ図がこれに続いている。多くの被検者は左右D9やD1の領域を，Pの「人間2人」と答えて相互作用を述べるので，Ⅲ図は人間関係への態度を表す図版として重要である。

すなわち第6章「対人知覚」で見たように，Ⅲ図を「2人で踊っている」「餅をついている」などCOP（協力的運動）として答えるか，「戦っている」「荷物を取りあっている」などAG（攻撃的運動）として答えるか（健常成人のほとんどはⅢ図のHにCOPを知覚するので，AGはとくに問題となる），

表10－3 第1反応としてHを答えた者の比率（%）
（健常成人220人と統合失調症150人）

図 版	Ⅰ	Ⅱ	Ⅲ	Ⅳ	Ⅴ	Ⅵ	Ⅶ	Ⅷ	Ⅸ	Ⅹ
健常成人	3.6	37.3	69.6	8.6	3.2	0.9	38.2	2.3	5.0	10.0
統合失調症	2.0	16.0	57.3	6.7	4.0	4.7	28.7	3.3	3.3	10.7

（高橋・西尾，1995による）

このようにペアとして見ないで，片方の領域のみを「人間」と答えることで，対人関心を示さないかは，被検者の対人行動の基本的態度を推測する手がかりとなる。この場合も，D9 の反応から対人関心の欠如が推測された被検者が，MOR を答え，EGI（自己中心性指標）も低下していれば，自己を否定的に眺めている可能性がより強くなるというように，変数相互の関係も考慮しなければならない。

このことはⅢ図の「人間」を「女性」と答えた被検者が，女性へのなんらかの関心を表すと思えても，これは過度の推測であることを意識し，他の反応との関係でこの推測を取捨選択しなければならない。というのは多くの被検者はⅢ図の Dd27 を「乳房」（言語化しない場合も多い）と見て，左右 D9 や D1 を「女性 2 人」と答えがちであり，Ⅲ図の「女性」の知覚はⅦ図と同じように，インクブロットの構造に影響されていることが多く，被検者の投影と断定できないからである。

またⅢ図はインクブロットの構造から，領域を全体として意味づけにくく，表 10 − 4，表 10 − 5 に見られるように，第 1 反応としては D が最も多く答えられ，W として意味づけるのが困難である。したがってⅢ図の処理に当惑する人は，インクブロットを全体として意味づけようとの態度に固執し，可塑性を欠く人の場合もあり，ある変数の意味を推察する時は，つねに反応全体の流れを考えて仮説を立てねばならない。したがってⅢ図を P としての「人間」と答えないで，「人形」「カッパ」「鳥」などと答える場合の意味を推測する場合も，他の変数や情報を配慮して行うべきで，恣意的な推測で断定してはならない。

表 10 − 4　第 1 反応に W を答えた者の比率（％）（健常成人 220 人と統合失調症 150 人）

図版	I	II	III	IV	V	VI	VII	VIII	IX	X
健常成人	63.6	46.4	6.4	78.6	97.3	73.6	55.0	44.1	37.3	43.2
統合失調症	80.0	30.7	11.3	83.3	96.7	63.3	62.0	43.3	49.3	50.7

（高橋・西尾，1995 による）

表 10 − 5　第 1 反応に D を答えた者の比率（％）（健常成人 220 人と統合失調症 150 人）

図版	I	II	III	IV	V	VI	VII	VIII	IX	X
健常成人	8.6	36.4	84.5	15.9	1.4	20.9	39.5	51.8	36.4	28.2
統合失調症	4.7	46.0	74.0	10.0	2.0	22.0	28.7	50.0	26.0	34.7

（高橋・西尾，1995 による）

Ⅳ図

　Ⅳ図はインクブロット全体が巨大で力強い印象を与え，濃淡が暗い感じや不可解な印象を引き起こしやすい。多くの被検者はPとしての「大男」「怪物」や，Cとしての「怪獣」，さらに「ゴリラ」「クマ」「大木」などを答えがちである。Ⅳ図を「父親図版」と呼べる実証的根拠はないが，意味微分法によると，Ⅳ図は評価の因子が否定的であり，潜在力の因子が肯定的になっている。多くの被検者はⅣ図に男性的な力の存在を感じ，この図版によって被圧迫感，無力感，不安，抑うつ的気分などを感じやすい。したがってⅣ図への反応から，自分よりも力強い，父親，夫，教師，上司などの権威像に対して抱く態度を推測できることもある。境界性人格障害と診断されたある女性が，Ⅳ図の始発反応時間が他の図版よりもいちじるしく遅れ，やっと「土足で私の心の中に入ってくる男」と答え，この反応に関連して，自分の夫への否定的態度をかなり直接的に述べたことがある。このように直接的な表現ではなくても間接的な表現で，「クマが襲ってくるよう」とか「気味の悪い巨人」などと答えることで，自分の無力感や権威像への恐れを述べることはよく見られる。この権威像が男性一般か具体的な男性なのかについては，他の変数からの情報や生活史などとの関係で推測せざるをえない。さらに被検者の中には，わざわざ，「怖くないゴリラ」と答え，防衛機制として，権威像への恐れを否定したり，権威像への挑戦的態度を示すこともある。またⅣ図を権威像としてではなく，男性像一般への自分の態度を示す者も見られる。

　Ⅳ図は強い濃淡を特徴とするので，C（共通反応）として「毛皮」の反応がしばしば答えられる。「毛皮」は身体的接触（愛情）と関連し，身体的・心理的に交流できる他者を求めていたり，交流できる能力を表したり，交流への不安を示すことも見られる。さらに抑うつ気分の強い被検者は，濃淡の暗さを処理できず，不安が高められた反応をすることも見られる。かつてリンドナー（Lindner, R. 1950）がⅣ図を「自殺図版」と呼び，「虫歯」「腐った木」「黒い煙」「木の燃え残り」「腐ったもの」などの反応内容が，自殺企図を伴う抑うつ状態を表すと述べたことがある。これは抑うつ気分の被検者がインクブロットの強い濃淡に触発され，陰気で否定的な反応をすることを述べたのであろう。なお自殺を企図する者は抑うつ的であるだけではなく，敵意を抑圧していることが多いので，「自殺の可能性の指標」にあるMOR，少ないH，CF+C＞FCなどを検討する以外に，AGなどの敵意の存在を示す変数にも注意すべきである。

Ⅴ図

　Ⅴ図は他の図版よりも構造化されているインクブロットであり，始発反応時間が最も短く，Ｗとして意味づけられることが最も多い（表10－3）。健常成人の59％の者がⅤ図を「チョウ」と答え，ついで「コウモリ」の反応が多く見られる。Ⅴ図はⅠ図とともに，答えやすい図版であり，Ⅰ図からⅣ図までの緊張から離れ，気分を落ち着かせ，Ⅵ図以後に反応するエネルギーを蓄える図版といえる。ワイナーも「Ⅴ図は，Ⅰ図の新しさ，Ⅱ図の赤色，Ⅲ図の対人相互作用，Ⅳ図の支配的な権威像に比べられるような衝撃力をもたないので，Ⅰ図からⅣ図で誘発された疲労を和らげることが多い」と述べている。

　Ⅴ図への反応に困難を感じる人は，この図版の形態よりも強い黒色によることが多く，抑うつ気分に耐えられない被検者であったり，Ⅳ図に生じた混乱を回復できない被検者であったりする。

Ⅵ図

　Ⅵ図はⅣ図と同じように強い濃淡をもつ図版であり，Ｐとしての「毛皮」が出現しやすい。「毛皮」についてはⅣ図で述べたように，身体接触と関連し，親密な人間関係を望む欲求やその不安を表したりする。またⅥ図は，わが国の被検者に特徴的なＰとして，「ギター」「三味線」などの「弦楽器」の内容が出現する図版でもある。

　なおⅥ図はD6あたりが「男性器」，D1の中央あたりが「女性器」を連想させるので「性図版」と呼ばれることもあるが，Ⅵ図がつねに性を象徴するという明確な実証的根拠はない。したがって被検者がD6を「ヘビ」「カメの頭」，D12を「ファスナー」と答えたからといって，性的欲求を偽装しているなどと短絡的な解釈をしたり，Ⅵ図への反応を性に関連づけすぎてはならない。しかしⅥ図で性の内容を答えた被検者が，Ⅶ図D6とⅧ図Dd23あたりにも「女性器」を答えたり，これらの領域を意味づけようとして中止したりする場合，他の図版との関連から被検者の性への態度を推測することは可能である。しかし性の反応内容を言語化する被検者は，通常，検査者と親しい被検者や，社会規範をあまり配慮しない統合失調症者や犯罪者，性的な観念に悩んでいる神経症者以外に見られることは少ない。

Ⅶ図

　Ⅶ図はインクブロットの濃淡が柔らかく明るい印象を与え，Ⅲ図ほど多くはないが，Ⅱ図とともに人間反応が生じやすく，インクブロットの構造が女性像を連想させるので，Pとしての「人間2人」が「女性2人」や「女の子2人」として答えられることが多い。このようなこともあり，Ⅶ図はⅣ図と対照的に「母親図版」と呼ばれ，この図版が母親を象徴すると考えられてきたが，Ⅳ図の場合と同じように，この図版を適切に処理できないから，母親との関係に問題があるという推測に妥当な根拠はない。しかしⅣ図が力強い男性像として意味づけられるのに対し，Ⅶ図は温和で肯定的な女性像として見られるので，被検者が女性に対して抱く態度や欲求や感情を表すことが多い。意味づけられた女性が女性一般なのか，母親，妻，同胞，恋人なのかについては，Ⅳ図の男性像の場合と同じように，他の情報を参考にしなければならない。

Ⅷ図

　Ⅷ図は最初の全色彩図版であり，Ⅳ図からⅦ図までの黒色図版の系列に続いて与えられる色彩図版である。反応の前に「わー，きれい」と感想を述べる被検者がよく見られるように，パステル調の色彩への肯定的な印象を抱きながらも，Ⅷ図を見た被検者の感情はかなり動揺させられる。しかし感情を統制でき，インクブロットを全体として意味づけようとの構えに固執しなければ，インクブロットの構造としてD1にPとしての「四つ足の動物」を知覚することは容易である。また感情を統制しながら全体を意味づける構えを変えない人は，Wとして「動物と自然（山，崖，湖など）」や「紋章」を答えたりする。他方，感情に敏感な人は，淡い色ではあるが赤色に影響されて，「花」や「内臓」などの普通反応を意味づけ，些細な感情刺激にも激しく動揺する人は，「爆発」や「花火」などのマイナス反応を答えがちである。なおワイナーは，Ⅷ図がⅤ図と同じように，実施中の息抜きの図版となると述べているが，わが国の被検者の場合，それほど明確ではない。

Ⅸ図

　Ⅸ図は色彩図版の中でも色彩の用い方と濃淡が強烈であり，インクブロットが明確な領域に分かれていないので，全体に漠然と拡散した印象を与える。したがって被検者は反応に困難を感じ，どの図版よりも始発反応時間が遅く，処

理に困惑することが多い。なお，わが国の被検者では，アメリカでPとなるD3の「人間や人間類似のもの」の出現頻度は，それほど高くはなく，Ⅸ図にPは存在しない。わが国の被検者はⅨ図D3に「火」「炎」をよく答えるが，どちらもPやCの出現頻度には達していない。われわれの臨床経験によると，神経症者群がとくにⅨ図への反応に当惑するようである。これは彼らが複雑な課題に直面したり，構造化されていない漠然とした状況におかれたり，感情を強く刺激されたりする時，不安が高まることを表すのであろう。

Ⅹ図

さまざまな色彩が用いられているⅩ図は，Ⅸ図よりも明確に区別された領域からなるインクブロットであり，それぞれの領域を別個に意味づけるのは容易であるが，全体として1つの対象として意味づけにくい図版である。

多くの被検者はWを「動物の集まり」「虫の集まり」「ばい菌の集まり」あるいは「海の底」のように意味づける。この時，全体を漠然と眺める被検者と，いくつかの部分領域に明確な対象を知覚して，それらの統合として答える被検者が見られる。知覚された概念と色彩の関係について見ると，前者はCF，後者はFCの傾向があり，感情の統制や分析・統合能力が異なるようである。

Ⅹ図は10枚からなる系列の最後の図版であり，Ⅹ図の最後の反応は，Ⅰ図と対照的にワイナーのいうサイン・アウト（退室の署名）であり，被検者によっては，「私はすべてのことを話し終わりましたが，これが私についてのすべてであり，あなたに知って欲しい私です」と述べていると推測できる場合もある。例えばⅩ図最後の反応として，全体を意味づけた被検者で，ある人は「迷路。どこに行くのか分かりません」と答え，ある人が「エッフェル塔のあるパリの町。華やかな色で夢がいっぱいあるようです」と答えたことがあった。これをサイン・アウトとして眺めると，前者は自分の不確実感を訴え，後者は自分をかなり楽観的に眺めているとも推測できる。

第11章 内容分析

1. 内容分析とは

　周知のようにロールシャッハ (Rorschach, H., 1921) は，インクブロットに対し被検者が何を知覚するかという反応の内容面よりも，インクブロットをどのように知覚するかという形式（構造）面を重視していた。しかし，その後の心理臨床家は，ロールシャッハ・テストの反応内容が，被検者のパーソナリティ特徴を投影すると考え，反応内容がもつ象徴的な意味の解釈（推測）によって，被検者の欲求，防衛機制，価値観，自己像，感情，行動様式などを理解しようとして，反応内容を重視するようになってきている。

　包括システムにおいても，内容分析という過程を別個に取り上げてはいないが，ステップ解釈の過程において内容分析を行うことを忘れてはいない。例えば最近のエクスナーとエルドバーグ (Exner, J. & Erdberg, P., 2005) の著書でも，「Ⅶ図の『ランプと周りの影』の答は，被検者が自分は灯火であるが，周りの世界は暗く不明確だと思っているのかもしれない」とか「被検者が答えた『ワシ』は力強い鳥で権威の象徴であり，『怒ったオオカミ』とともに他者を支配し捕食する動物である。他方，頑固で臆病な『ロバ』や『リス』や，あてもなく飛ぶ『ガ』（被検者は自分が好ましくない存在で，目的もない行動をとっていると思っているのだろう）は犠牲になる動物である……」などと内容分析を行っている。

　しかし後述するように，同じ反応内容でも，その意味は被検者によってしばしば異なるので，反応内容に投影されたり象徴された意味が一定であると考えたり，十分な根拠もなく過度に深読みをすることは問題である。したがって内容分析として，反応内容の象徴的意味から，被検者の内的世界を推測することは，仮説として慎重に行うべきである。とくに本テストの初学者の場合，内容分析の基準や方法はまだ確立されていないことを意識し，内容分析は控え目に行うことが望ましい。

本章では反応内容の象徴的仮説を取り上げるが、確証されたものではないので、ロールシャッハ・テストの反応内容の意味を推測する場合、これらを機械的に適用しない配慮が必要である。なお反応内容の意味について、これまで述べられたことについては、「ロールシャッハ診断法Ⅰ」（高橋・北村, 1981）の6章「反応内容」も参照されたい。

1-1. 内容分析のための分類
1-1-1. コード化された反応内容
ロールシャッハ・テストでは、個々の反応内容を一定の基準に従って分類してコード化し、そのコードに属する反応内容の象徴や意味を検討する。例えば、「アメリカ先住民」「男」「貴婦人」「人」「ピエロ」「やせた女」などの反応は、いずれもHとコードされ、「アオムシ」「ウニ」「カメ」「クマ」「チョウ」などは、すべてAとコードされる。そしてHが対人関係への関心の強さの程度を表すとか、Aが知能や行動の紋切り型の程度を表すという仮説を立てることが行われるが、これは構造分析に近い内容分析である。

1-1-2. 個々の反応内容
反応内容に被検者のパーソナリティが投影されているとすれば（包括システムでは既述のようにマイナス反応、損傷内容、運動反応、言語修飾のある内容などに表れやすいと考えている）、同じHであっても「力士」と答える被検者と「赤ん坊」と答える被検者では、投影の内容が異なる。すなわちHが自己像を表す時、前者が自分を力強い人間と知覚したり、力強い存在に関心をもつことを表し、後者は自分を依存的存在と見ていると解釈できる。Aのコードでも、Aが被検者の関心やパーソナリティを投影する場合、「ゾウ」と「カイコ」と「スッポン」を同じAに分類して検討するだけでは不十分と考えられる。そこで個々の反応内容が象徴する意味を考察し、被検者のパーソナリティを推測することが行われ、通常、これを内容分析と呼んでいる。

1-1-3. 主題による反応内容
またシェーファー（Schafer, R., 1954）は、異なるコードに属する反応内容であっても、共通した主題としての意味を考慮した、系列分析ともいえる内容分析を行っている。例えばプロトコルに見られた「ゆりかご」「口を開いている小鳥」「胃」「ウエイター」は、それぞれHh, A, An, Hと異なるコード化がなされる。しかしこれらの反応内容はいずれも「強い受動性」と「口唇的な」

主題をもっているので、シェーファーは被検者がこのようなパーソナリティ特徴を有していると推測したのである。個々の反応内容だけでなく、いくつかの反応内容に共通した主題（意味）を見出すには、さまざまな領域の知識を豊かにすることが望ましい。

しかし反応内容の主題を検討するには、かつてイライザー（Elizur, A., 1949）が作成した敵意を表す尺度や、デボス（DeVos, G., 1952）が反応内容が表す感情を7つに分類した方法などを用いることもできる。これらは敵意や不安あるいは依存性などの反応内容の主題のもとに、あらかじめ具体的な反応内容を規定しているので、検査者自身が反応内容のもつ意味を推測する必要は少ない。

1-2. 反応内容の象徴的意味

ある反応内容（言葉）が有する象徴的意味は、①全人類に共通した普遍的な意味、②特定の文化が有する意味、③被検者の家族が共有している意味、④被検者個人だけの意味が入り組んでいる。したがって個々の反応内容の普遍的な意味や、ある文化に共通する意味の理解には、検査者が精神分析学、文化人類学、発達心理学、神話、おとぎ話、芸術作品などに関心を向け、これらの知識を豊かにすることが必要である。さらに個々の被検者が述べた反応内容に象徴的意味がある場合、それを正確に理解するためには多くの臨床経験も必要であり、前章の系列分析や本章の内容分析はロールシャッハ・テスト解釈のアート的側面となる。

ところで、例えば「爆発」という反応内容が衝動性を意味するとして、この内容がどの図版のどの領域に出現しても同じ意味を有するのであろうか。つまりある反応内容が象徴する意味は、領域や決定因子などの構造（形式）面と無関係かという問題がある。これに関してリンドナー（Lindner, R., 1950）などは、ある内容が特定図版の一定領域に出現した時に特定の意味をもつと述べている。しかしフィリップスとスミス（Phillips, L. & Smith, J., 1953）は、「血」という内容はⅡ図とⅢ図の赤色領域に生じやすいが、他の領域に見られても攻撃性に関連すると述べている。われわれは、ある反応内容が象徴する意味は、図版、反応領域、決定因子に関係なく、本質的には同じだと思っている。しかしインクブロットの構造自体に、特定の反応内容を生じやすい領域が存在するので、同じ内容が通常意味づけられない領域に答えられた時の方が、象徴的意味が強くなるとはいえる。例えば「血」という内容は、被検者自身がもつ攻撃

性や攻撃される恐れ，あるいは嗜虐性や被虐性など，攻撃性に関連した意味を象徴している。しかしⅡ図D3赤色領域の「血」は出現頻度が高いので，出現頻度の低いⅩ図D9赤色領域の「血」の方がその意味が強くなる。さらに無彩色図版のⅣ図Wに「血」と答える場合は，その意味がより強くなると考えられる。つまりある領域での出現頻度が低く，通常その反応内容とともに生じる決定因子を伴わない内容を答えたり，言語修飾や潤色がなされるほど，内容の象徴する意味がパーソナリティを特徴づけ，被検者の欲求，特徴，態度などを強く示しやすい。

1-3. 内容分析の留意点

　コード化された反応内容に，どのような意味が象徴されているかの推測においては，反応内容だけではなく，表現の仕方や修飾された言語表現も考慮すべきであり，このためにも被検者の反応を逐語的に記録することが重要となる。ただし本章では，推敲された言語表現よりも，反応内容自体が通常象徴すると考えられる意味を取り上げる。次に内容分析において留意すべき点をいくつか述べる。

　①内容分析においては，とくにテスト時の状況や検査者と被検者の関係を考慮しなければならない。被検者が検査者に権威的とか冷たい人という印象をもつと，R（反応数）が少なくなり，P（平凡反応）やありふれたA（動物反応）が多くなるなどである。

　②内容分析においても被検者の文化的背景，性別，年齢などを考慮しなければならない。例えばわが国の被検者に多いⅢ図D2の「人魂」「火の玉」は，「火」（Fi）のような激しい感情を表すとはいえない。また若い女性と更年期後の女性が，生殖機能への関心を表す「子宮」を答えても，シェーファーの言葉を借りると，前者は子どもを産むことへの期待，恐れ，好奇心を示し，後者は生命力を失った悲しみを表している。

　③内容分析を進めるためには，特定の反応内容が出現しやすいインクブロットの構造（形式）面の特徴を知ることが大切であり，形態水準一覧表などで，各図版，各領域に出現しやすい反応内容に留意すべきである。

　④これに関連するが，通常は意味づけられない領域（DdやS）への反応や，始発反応時間が遅れた図版に1つだけ答えた反応など，通常生じない形で答えられた反応内容は，被検者にとって特別の意味をもつことが多い。

⑤ A（動物反応）よりも Sx（性反応）というように，反応内容として出現することが少ない反応内容ほど，被検者の特殊性を表すことが多い。したがって Id とコードされた反応内容にも注意しなければならない。
⑥既述のようにマイナス反応，損傷内容，運動反応，人間反応，言語修飾を伴う反応内容は，被検者の投影が見られがちなので，十分に検討しなければならない。とくに通常生じない言語修飾を伴う表現に注目すべきである。例えばⅡ図 W を「2人の人」や「争っている2人」という反応よりも「決闘で首と足が切られ，血が飛び散っている」のように修飾された反応から，敵意や衝動性を統制しにくい可能性があると推測するなどである。
⑦同じ反応内容や同じ主題の反復により推測されたり，他の変数からの情報と合致する仮説は，仮説を構成する根拠が多くなるので信頼度が高くなり，パーソナリティの理解に重要な役割をもっている。
⑧精神分析学のように無意識あるいは心の深層を推測した仮説は，とくに控え目に行うべきである。

　例えばⅩ図 D1 を単に「クモ」と答えるのは，インクブロットの構造から多くの被検者が答える反応であり，何かの投影と考える根拠は少ない。したがって「巣にぶら下がっているクモ」と答えた時，被検者が他者に依存する傾向があるのではないかと推測するのは控え目の仮説である。しかし「クモ」が「巣の網目のなかに子どもをからめとってしまう性悪な母親を象徴する」から，この被検者は「母親の支配を嫌がっている」とか，「クモ」が「母親に対する近親相姦的な親和感を象徴する」ので，この被検者が無意識に「近親相姦の欲求を抱いている」などと解釈するのは，控え目の解釈ではなく過度の解釈といえる。

　ただし内容分析は系列分析として行われるので，ある象徴的意味が過度の解釈だと思えても，他の反応内容や情報との関連から妥当な場合もあり得る。
⑨ある反応内容から推測に基づく仮説がいくつか生じた時は，他の変数や他の情報との関連により仮説を取捨選択し，控え目の仮説とすべきである。原則として通常連想され，一般に象徴されると考えられる，明白な意味による推測が望ましく，誰もが無理なく納得できるような仮説を立てるべきである。
⑩内容分析にかぎらないが，ある変数からパーソナリティを推測する時，被

検者の短所（病理面）だけではなく，長所（適応面）を取り上げねばならない。

2．人間に関する内容

2-1．H（人間全体反応）

第5章「自己知覚」と第6章「対人知覚」で述べたように，「人間に関連する反応内容」は，人間に対する関心を表し，自分自身や他者をどのように見ているかを示す重要な変数である。構造分析では，健常成人の多くがH＞Hdであり，少なくとも3個のMと結合したHを答えるなどを中心にして，内容にも多少触れたが，もう少しくわしく述べることにしたい。

ワイナーがいうように，人間に関する内容の分析においては，知覚された「人間」の，①年齢，②性別，③大きさ，④役割，⑤特徴．⑥欠如した部分などに注目することが大切である。

例えば単に「人」と答えないで，「赤ん坊」「子ども」や「若い人」「青年」あるいは「老人」などと答える被検者がいる。このような場合，反応内容が被検者の現実像を示すのか，理想像を示すのか，特定の重要な他者や人間一般への見方を示すのかが推測できることもあろう。そして，被検者自身が現在の状況に不満を抱いたり，未来に不安を抱いているのか，他者に依存的な構えをもっているのか，それとも反応内容が他者像を表して，他者が自分よりも未熟だと考えていたり，他者が援助を求める弱い存在と見ているのかなど，さまざまな推測による仮説が立てられる。

さらに被検者の知覚する「男性像」や「女性像」が，通常生じる図版に見られるのか，どのように表現されるのかなどに注目することも大切である。かつて殺人を犯した男性が，Ⅱ図中央あたりを区切り，「肌の白い肥った女性」と答えたが，限界吟味段階でこの反応を中心に話し合い，彼が女性に両価的な見方をしていることが分かったこともある。また例えば「2人が踊っている。男でも女でもないね。人としかいえない」などの言語表現から，性的同一性や性的役割に関する被検者の状態を推測できたりもする。

さらにHとして「大きい人」「小さい人」，(H)として「巨人」「こびと」など，人間像の大きさに注目する被検者が，人間関係を優劣や強弱の面から眺めていたり，自分（あるいは他者）を強大と思っていたり，劣った弱い存在と知覚している可能性もある。また「兵隊」「警察官」「ボクサー」「力士」など，

力強く攻撃的な人間を答える被検者が，自己をそのように知覚したり，そうありたいと望み，「両手をあげて助けを求めている女の人」「逃げていく女の子」など，弱く依存的あるいは逃避的な人間を見る人が，自己をそのように知覚していることもある。この場合，前者は被検者が外界から攻撃されると感じたり，強者の庇護を求めていることがあり，後者が保護や救助の欲求を示すこともあり得るので，さまざまな見地から推測をより確かなものにしていく努力が必要である。なおフィリップスとスミスは，一応成功して適応していながらも権威に敏感な被検者が，「兵隊」のように力強くて攻撃的な人を答えたり，「警察官」「裁判官」などの権威的な人を答えたりするとも述べている。

2-2. Hd（人間部分反応）

Hd は「人間の身体の一部分」や「身体の一部分を欠如した人間」を述べた反応である。同じ Hd であっても，身体の一部を欠く Hd に注目する研究者は多い。例えばピオトロウスキー（Piotrowski, Z., 1957）は，「頭がない人」「首を切られた人」の反応が，①去勢の恐れや身体を傷つけられる恐れ，②思考を意識的に統制できない感じ，③強い嗜虐傾向などを表すといっている。しかしワイナーは「頭がない人」を答える被検者が，自分を過度に性的な存在と考えたり，自分の知的能力を低く見たり，心の重要性を否定していると述べている。さらに「手のない人」が無力感，あるいは罪責感を表すとか，「足のない人」も無力感や自主性の欠如を表すなどという臨床家の見解も見られる。しかし検査者が反応内容から無意識の欲求や態度を解釈するのは，推測的解釈による仮説であることを忘れてはならず，他の変数や情報と照合することが大切である。

こうした「身体の欠如した Hd」ではなく，Hd として身体の特定部分を答える者も多い。クロッパーをはじめ多くの研究者は，「顔」や「頭」が，知性や思考への関心を示し，知性化や強迫性を伴う防衛機制を表すと述べている。しかしわが国の被検者は，「顔」や「頭」，とくに「顔」を答えることがきわめて多い。これは他者と自分との関係に敏感であって，他者の存在を意識することが多い，わが国の文化に基づくのかもしれない。したがって「顔」を通常よりも多く答える人は，対人関係に敏感であり，「他者が自分をどう見て（思って）いるか」という対人警戒心が示されることもある。さらに同じ「顔」の内容であっても，被検者が「顔」を「笑っている」「やさしそうな」「かわいい」などと知覚しないで，「怒っている」「にらんでいる」「恐い」などと見る場合

は，外界を危険な存在と見て，他者への恐怖感を示すことが多いようである。なおブラウン（Brown, F., 1953）によると，知覚した顔の表情は，幼少期に親との関係で経験した印象を投影しているので，外界が自分にとって友好的だと見ているか，敵意をもつ存在と見ているかを示している。さらに「顔」ではなく，「横顔」を知覚する被検者は，正面向きの「顔」を見る被検者よりも，他者の意図への不安や猜疑心を抱いているとの見解も見られる。

「目」という内容も，わが国では，かなり多く生じる反応内容である。「目」に固執したり，通常見られない領域に「目」を見る人は，①他者の考えや動機に敏感で，②他者を信頼せず，周囲への強い猜疑心や被害感をもち，③他者を意識しすぎて劣等感を抱きがちである。

「口」は依存欲求やそれが満たされない状態を表し，その欲求不満への復讐としての敵意を示すとか，「歯をむいた口」が攻撃性を示すと述べる研究者も見られる。フィリップスとスミスは，精神分析学の文献で「歯」が，①子ども，同胞，出産，養育を意味したり，②自慰についての罪責感の象徴であることに注目した。そして自慰は拒否されたという感情を自己愛的に代償しようとの試みだと述べ，「歯」が子どもや青年に多いことから，「歯」が自慰や同胞への対立と結びつくと述べている。これに対しワイナーは「歯と自慰の関係は，槍と武器の関係ほど明確でなく，推測は控え目ではない」と批判している。しかし「歯」はめったに生じない反応であり，通常，他者に拒否されたり，依存欲求が満たされないことへの怨恨や敵意の感情を示すといわれている。また「くちびる」や「乳房」が性的関心の偽装として生じたり，依存欲求が満たされない状態を表すことも，象徴的意味としての可能性はあろうが，他の情報なしに断言することは避けるべきである。

同じように「指」や「手」が，他者からの束縛や自慰への罪責感を示すとか，「あげている手」が無力感と救援欲求を示すなどと推測する場合も，仮説であることを忘れてはならない。また「尻」が同性愛傾向をもつ人や，性的欲求の偽装という場合もあるが，幼児を保育中の健康な母親の反応内容には「尻」がかなり出現することも考慮すべきである。

2-3. (H)（想像上あるいは架空の人間全体反応）

(H)は人間関係を避けて，空想の世界に逃避する傾向を示すが，次のように具体的な内容によって仮説を立てることもできる（高橋，1977）。なお(H)が生

じやすい図版はⅣ図とⅤ図であり，Ⅰ，Ⅸ，Ⅹ図がこれに続いている。

2-3-1. 人間に危害を加えたり不気味な印象を与える(H)

「悪魔（サタン，魔王），化物（幽霊，妖怪），鬼（吸血鬼，般若），天狗」などは，外界が自分に危害を加える存在と見ている可能性がある。

2-3-2. 人間に対しどちらかというと好意的な(H)

「こびと，妖精，天使，ヴィーナス」などは，依存的な欲求を示すのかもしれない。健常成人の女性が答える(H)はこの型が最も多いのに対し，男性が答えることは少なく，女性的関心にも関連するようである。

2-3-3. 神仏など宗教的色彩のある(H)

「仁王，しょうき，えんま，神様，観音様」などは，被検者が罪責感を抱いていたり，善悪の問題に関心が強かったり，宗教的関心を抱く場合に生じやすい。この型の(H)は統合失調症者や神経症者に多く，なんらかの病理姓に関連する可能性も考えられる。

2-3-4. SF的な(H)

「宇宙人（火星人，バルタン星人），仮面ライダー，月光仮面」などは，現実と一応関連性のある空想世界への関心や，未成熟性や退行の機制に関連するようである。

2-3-5. 動物的な(H)

「カッパ，人魚，孫悟空，半人半獣（パンの神）」などは，未成熟性や知的好奇心などを示すのかもしれない。

2-3-6. 事物的な(H)

「こけし，指人形，ピノキオ，ロボット，はにわ，かかし，雪だるま」などは，自分が他者に支配されているとか，距離をおいて他者に接しようとする態度に関連するようである。例えばラーナーも，「ロボット」が，「自分は空虚で，機械的であり，少しも人間らしくなく，他者から操作されやすい存在」という自己感覚を表すと述べている。

2-3-7. 解剖的な(H)

「がいこつ，ミイラ，胎児」などは，自己の身体機能への不安や，時に抑圧された嗜虐性を示すのかもしれない。

2-4. (Hd)（想像上あるいは架空の人間部分反応）

(Hd)はあまり出現しない反応内容である。わが国の被検者では「天狗の顔」

「鬼の顔」や，Ma（仮面反応）を一次的内容とした二次的内容の「天狗の面」「鬼の面」などが生じる。これらは自分を支配する父親や母親への恐れや，それが般化されて外界への恐れとなり，成熟した人間関係をもてない可能性もある。

3．動物に関する内容

動物に関する反応は，反応内容の中で最も多く生じる。動物反応が通常よりも多いのは，思考の仕方や行動が紋切り型であったり，乏しい想像力や抑うつ的な感情を示したりする。被検者によってはこのテストに警戒的に反応し，無難な答を選ぶ結果，動物反応が高くなることもある。また健常成人においてはH＞Hdであるが，動物反応の場合も下記のようにA＞Adが通常の形である。

A（動物全体反応） 5〜11（71％）
 （A≦4 13％：A≧12 16％）
 （平均 8.18：標準偏差 3.47：中央値 8.00）
 （平均 8.18：標準偏差 2.56：中央値 8.00）

(A)（想像上あるいは架空の動物全体反応） 0（59％）
 （(A)＝1 29％：(A)≧2 13％）
 （平均 0.58：標準偏差 0.82：中央値 0.00）
 （平均 0.42：標準偏差 0.69：中央値 0.00）

Ad（動物部分反応） 0〜3（69％）
 （Ad＝4 14％：Ad≧5 17％）
 （平均 2.87：標準偏差 1.94：中央値 3.00）
 （平均 2.90：標準偏差 1.65：中央値 3.00）

(Ad)（想像上あるいは架空の動物部分反応） 0（83％）
 （(Ad)＝1 14％：(Ad)≧2 3％）
 （平均 0.22：標準偏差 0.51：中央値 0.00）
 （平均 0.13：標準偏差 0.38：中央値 0.00）

個々の動物反応が象徴する意味については，他の反応内容と同じように，被

検者自身が抱く意味を理解することが大切である。しかしまた，ある文化内の個々の動物には，かなり普遍的な象徴的意味が存在しているので，その知識に基づいて，象徴的意味を推測することも重要である。個々の動物内容の意味は，①年齢によって出現頻度の異なる動物内容の研究，②神経症者や累犯型の犯罪者など，行動様式が異なる被検者群間での動物内容の比較研究，③わが国とアメリカなど，異なる文化間の動物内容の比較研究，④SD法（意味微分法）による研究，⑤神話や民話などによる研究，⑥精神分析学による研究，⑦特定の動物についての連想の研究などで行われている。

3-1. 北村・西尾の象徴的意味

　人間反応と同じように，被検者がどの動物を見て，どのように答えたかも，被検者の自己知覚や対人知覚（特定の他者や他者一般）を明らかにすることが多い。ロールシャッハ・テストで答えられる動物の種類はきわめて多く，ある被検者の知覚した動物の象徴的意味が，他の被検者のものと必ずしも一致するとはかぎらない。にもかかわらず，上記の研究結果からも，ある文化や集団に共通の象徴的意味が存在するので，動物の内容分析にあたっては，通常考えられる象徴的意味をまず考慮すべきである。

　北村（1976），北村・西尾（1979）は，ロールシャッハ・テストによく出現する動物100種をSD法によって意味づけて11のクラスターに分類し，それぞれのクラスターに属する動物に共通した意味を推測している。これによると例えば「タヌキ」と「キツネ」の象徴的意味は異なり，「タヌキ」は評価の成分が高く，よいものとしてとらえられ，親切，高潔，誠実で，母親的なものを意味し，「キツネ」は評価の成分が低くて活動性の成分が高く，敏捷，こうかつ，抜け目なさなどを表している。そして「タヌキ」は「ヒツジ」「クジャク」「シカ」「カブトムシ」などと同じクラスター（クラスターA）に分けられ，「キツネ」は「ネズミ」「ハチ」「トビウオ」などと同じクラスター（クラスターD）に属している。わが国ではおとぎ話や民話などからも，「タヌキ」と「キツネ」は身近な動物であり，どちらも人をだます動物であるが，「タヌキ」には，とぼけた面があり，にくめない所があるが，「キツネ」は，ずるくて油断ができないと思う人が多いのだろう。しかし，おとぎ話の「カチカチ山のタヌキ」が「ウサギ」にだまされたことよりも，自分を助けてくれたお婆さんを殺して，お爺さんに食べさせたことに印象づけられ，「タヌキ」に独特の意味を感じとる人もいるだろ

う。したがって他の反応内容と同じように，かなり共通した象徴的意味以外に，被検者自身がもつ意味についても考慮することが必要である。

このクラスター分析によると，「ウサギ」は陽気で，楽しく，若く，弱い存在としてとらえられ，子どもらしさや幼少期への郷愁などを意味するようであり，このクラスターには「メダカ」「チョウ」「ヒヨコ」「リス」「コトリ」「ネッタイギョ」「キンギョ」「アヒル」など（クラスターE）が属している。それ以外のクラスターに属する動物には次のようなものが見られる。

クラスターB：「サル」「ウマ」「イヌ」などは，積極性，能率，知性などを意味している。

クラスターC：「ニワトリ」「セミ」「カエル」「ネコ」「イカ」「カニ」「ムササビ」「トンボ」「アリ」などは，共通した意味よりも被検者個人にとって独自の意味をもつようである。

クラスターF：「ウニ」「クラゲ」「ケムシ」「アオムシ」「サナギ」「ドジョウ」「モグラ」「タツノオトシゴ」「カイコ」「カタツムリ」「ナメクジ」などは，無力，弱小，依存，未成熟を意味している。

クラスターG：「ナマズ」「フクロウ」「スッポン」は，老い，衰退，死，遅鈍などを表している。

クラスターH：「ヤギ」「ロバ」「ブタ」「カメ」は，温和，従順，消極性，受動性を意味している。

クラスターI：「ハエ」「カ」「バクテリア」「アブラムシ」「トカゲ」「アメーバ」「サソリ」「ウツボ」「ヘビ」「クモ」「カラス」「コウモリ」「カマキリ」「イモリ」「ムカデ」「ガ」「エイ」「タコ」「フグ」「カメレオン」「ザリガニ」は，評価の成分が最も低いクラスターであり，冷淡，有害，邪悪，陰うつ，敵意などを意味するようである。

クラスターJ：「トラ」「ワシ」「タカ」「ヒョウ」「オオカミ」「イノシシ」「ゴリラ」「クマ」「ライオン」「ワニ」は，攻撃的で強く，支配性や攻撃性を表し，厳しい父親像や依存できる権威像に関連する。

クラスターK：「ゾウ」「ラクダ」「ウシ」は，着実，持久性，老成，包容力などを表している。

3-2. フィリップスとスミスの象徴的内容分析

フィリップスとスミスは臨床経験に基づき，特定の動物が被検者の，①母親像との関係，②父親像との関係，③未成熟性，④敵意，⑤受動性について象徴的意味をもつと述べている。さらに彼らは⑥被検者の性差によって生じやすい動物や，⑦特定の病理状態に多く生じる動物などについても触れている。彼らのあげた動物には，日本人の反応に出現しない「バイソン（バファロー）」が見られたり，ウシを「雄ウシ（Bull）」「雌ウシ（Cow）」「子ウシ（Calf）」に，「サル」を「類人猿（Ape）」「サル（Monkey）」と区別するなど，文化の差異を考えると，わが国の被検者にただちに適用できないが，参考のために次にまとめた。

3-2-1. 母親像との関係

①親切で，やさしく，受け身で，気楽に導いてくれる母親像との関係を示唆する。

②母性的過保護への反応を表す。

③子どもを独占したがる母親像からの独立しようと努力しなくなったことを反映し，強い受動性と無気力や強い依存性と結びついている。

④支配的で独占したがる母親像からの独立に成功しないが,努力している人を表す。

⑤拒否的，処罰的，否定的な母性像を暗示し，社会適応への失敗を意味する。この反応内容の強調は，長期にわたる拒否への防衛として，養育されたいという強い欲求を偽装した横柄な「挑戦的態度」をもつ人の特徴である。

①と関連する動物
　カタツムリ・シカ・雌ウシ

②と③に関連する動物
　魚

②と④に関連する動物
　カブトムシ・クモ・サソリ・タコ

⑤に関連する動物
　カニ・ムシ・ロブスター

3-2-2. 父親像との関係

①家長である強力な父親像との解決されていない関係を示唆し，現在，この父親の役割を権威像に与えていることを意味する。

②父親像を脅威的で，潜在的に自分を破壊する存在と見ている。
③温和で思いやりのある父親像，すなわち「やさしい暴君」を連想している。
④家長である父親像を補う役割を反映し，未熟で子どもっぽい傾向，無力で努力をしないこと，弱さの感情に関連し，攻撃行動の表現を抑えている場合に生じる。
⑤父親像に向けられた嘲笑と軽蔑の態度を表している。
⑥押さえつけられ破壊される恐れ。

①に関連する動物
　ウマ・雄ウシ・サル・バファロー（バイソン）・ワシ

①と②に関連する動物
　類人猿

①と②と⑤に関連する動物
　ゴリラ

①と③に関連する動物
　クマ

①と⑥に関連する動物
　トラ

④に関連する動物
　子ウシ・子イヌ・シカ・小さい動物・動物の子（子ヒツジ・子ウマなど）・ヒツジ・細長く柔らかく脚のないムシ（ミミズなど）

3-2-3. 未成熟性
①未成熟で無力なパーソナリティを反映する。
②未成熟で性的に無力であり，長続きする異性関係を確立できない人の特徴である。
③未成熟であるが，パーソナリティには歪みがない。現在の（時に長期にわたる）問題を解決できず，保護され満足できる幼少期を空想し，そこに郷愁を抱く成人の特徴である。
④「愛情飢餓」の人や愛情剥奪や拒否された過去をもつ人に生じやすい。

①に関連する動物
　カエル・ゴキブリ・シチメンチョウ・ムシ

①と②に関連する動物

トリ・ムシ
①と④に関連する動物
　シチメンチョウ・ヒヨコ
③に関連する動物
　ウサギ・ゾウ・タツノオトシゴ・ネコ・リュウ

3-2-4．敵意
①潜在的な怨恨と敵意を示唆する。
②般化された拒否的態度を表現し，目的達成のためには不正な手段も平気で使う，活動的で破壊的な傾向に結びついている。
③ずるくて，敵意が強く，時には無慈悲な攻撃性の強調を示す。
④時に般化されるが，通常，男性への猜疑的な態度を表す。
⑤他者からの圧迫への反応として，また圧迫の恐れを隠すための，軽蔑，敵意，嘲笑というあまり効果のない態度と結びついている。これは権威を恐れるが，自分より下位と思う者を軽蔑して嗜虐的に取り扱う「権威主義的」精神病質者の記録によく見られる。この種の男性の精神病質者は典型的に女性を犠牲者として選ぶ。
①に関連する動物
　カニ・ロブスター
②に関連する動物
　オオカミ・トカゲ・ネズミ・ワニ
②と③に関連する動物
　オオカミ・キツネ
④に関連する動物
　ワシ
⑤に関連する動物
　サル

3-2-5．受動性
①無力感，劣等感，不適切感，努力をしないことに結びつき，いちじるしい受動傾向を反映するが，これが破壊衝動の表出への防衛であったりする。
②自己主張の完全な放棄，虚弱感，主導性の欠如を意味する。
③臆病で不適切感を抱き，競争社会で生存するために十分な自己主張ができない人に見られる。

④征服され破壊される恐れと結びつく。
①に関連する動物
　カタツムリ
①と②に関連する動物
　ガ・クラゲ
①と③に関連する動物
　ウサギ・ハツカネズミ
②に関連する動物
　ガ・細長く柔らかく脚のないムシ（ミミズなど）
④に関連する動物
　トラ

3-2-6．性差
①男性よりも女性に生じやすい。
②異性愛的な男性よりも同性愛的男性によって示され，受動的・受容的な女性傾向と結びつきやすい。
①と②に関連する動物
　子ウシ・子イヌ・シカ・小さい動物・動物の子（子ヒツジ・子ウマなど）・ヒツジ・細長く柔らかく脚のないムシ（ミミズなど）

3-2-7．病理性
①健常者での出現はきわめてまれであり，過度の退行を反映し，病理性を意味する。
②統合失調症者や重度の心気症状態の人に見られる。
③精神病質者の記録によく見られる。
④児童の記録に普通に見られ，妄想症や統合失調症者に生じる。
⑤「行動化」したり攻撃的になる人の記録にしばしば見られる。
⑥アルコール症や夜尿症の記録にある水に関連した多くの内容の１つである。
⑦精神性的に無力であることを恐れ，異性関係に失敗する男性の記録によく見られる。
①と②に関連する動物
　バイキン（細菌）・バクテリア
①と④に関連する動物

ハエ・ハチ
③と関連する動物
カエル・カニ・ゴキブリ・鳥・ロブスター
③と⑤に関連する動物
ムシ
⑥に関連する動物
カエル・カタツムリ・カニ・カメ・クラゲ・魚・タコ・タツノオトシゴ・ロブスター
⑦に関連する動物
カタツムリ・細長く柔らかく脚のないムシ（ミミズなど）

<u>3-2-8．その他</u>
①高知能を表す。
①に関連する動物
カブトムシ・サソリ
②平凡反応でない「コウモリ」と「チョウ」には意味があり，「コウモリ」は不快感を予測して苦痛を感じ，それを抑制しているが，「チョウ」は幸福感を意味し，受動的な女性の傾向を伝えている。

4．解剖と性に関する内容

4-1．An（解剖反応） 0（66％）
　　（An＝1　26％：An≧2　9％）
　（平均　0.46：標準偏差　0.73：中央値　0.00）
　（平均　0.88：標準偏差　1.05：中央値　1.00）

第5章「自己知覚」において，An＋Xyが構造分析として，身体への関心を表すと述べたが，An（解剖反応）の他の意味づけについて，次にいくつかをあげたい。ただし他の内容分析と同じように，その適用には慎重さが望ましい。例えばフィリップスとスミスは「他者への破壊衝動は，自分が報復される恐れを引き起こし，どちらも身体を傷つけることになるので，Anは破壊衝動の表現に敏感なことと関心を反映する。逆説的にいえば破壊衝動を行動化する人はAnを示さないし，暴行を行った犯罪者はAnを示さない」と述べている。しかしストーメントとフィニー（Storment, G., & Finney, B., 1953）やウォルフ（Wolf. I., 1957）はAnが敵意の行動化を統制する指標といえないといい，

高橋(1969)が殺人少年を窃盗少年や夜間高校生と比較した研究でも,殺人既遂の少年のAnが少ないとはいえず,Anが破壊衝動を行動化しない人に見られるとはいえない。

①時に「血がでている肺」「卵巣嚢腫」などの,言語推敲や具体的な身体疾患名を答える被検者が見られる。このような場合,被検者が自分の身体症状についての不安を投影している可能性がある。

②医師や看護師など医療従事者の中にはAnを多く答えたり,「延髄」「海馬」「シナプス」「末梢神経」など医学的な用語を用いることが見られる。これは被検者の職業的興味や関心を示すが,時にはテストへの防衛的態度や,可塑性のない硬いパーソナリティを示したり,他者との感情的な交流を避け,対人関係を知的に処理し,理性を重視する傾向も示す。

③同じAnであっても,「骨盤」「肋骨」「骨」などは骨格反応と呼ばれ,敵意や破壊衝動を抑圧したり反動形成して行動に示さないという見解が多い。また対人関係で柔軟性を欠き,不安が強いとフィリップスとスミスは述べている。

④「骨盤」にとらわれていたり,わざわざ「女の骨盤」と答える男性の被検者の中には,性的関心を偽装していることがある。

⑤「内臓」「肺」「心臓」「胃」「腸」「肝臓」などは内臓反応と呼ばれ,骨格反応よりも敵意や破壊衝動を言語や行動に直接的に示しやすいという研究者が多い。

⑥「解剖図」「内臓の断面」などは,被検者の中身(心の内部)が外界に現れているとの不安に関連するという見解もある。

4-2. Bl(血液反応)　0(90%)
　　(Bl=1　9%:Bl≧2　1%)
　　(平均　0.11:標準偏差　0.34:中央値　0.00)
　　　(平均　0.24:標準偏差　0.51:中央値　0.00)

健常成人の90%の者はBl(血液反応)を答えないことからも,Blは情緒を適切に調整しにくいことや,破壊衝動や嗜虐傾向を示し,とくに色彩領域以外のBlにこの傾向が強いと考えられる。しかしBlの存在が破壊衝動の行動化を示すのか,反対指標であるのかについては一致した見解はない。

Blの意味を推測する場合,わが国の健常成人が,Ⅱ図D2とD3に「血」を

答えやすいことに留意すべきである。これ以外の領域，とくに無彩色領域に意味づけられた Bl，MOR と結合した Bl，言語修飾がなされた Bl は，破壊衝動が強かったり，情緒不安定である可能性が強くなる。例えば既述のように II 図 D2 を単に「赤い所が血に見える」の反応とは異なり，W を「闘っているクマ。血だらけになって争っている」，II 図 D3 を「生理の血」や「痔の出血」，VI 図 W を「にじんだ血」，X 図 W を「交通事故で血が散らばっている」などと答えるのは，被検者の破壊衝動，特異な経験，関心などを示しやすい。

4-3. Xy（エックス線反応） 0（92％）
　　　（Xy＝1　6％：Xy≧2　2％）
　　　（平均　0.10：標準偏差　0.38：中央値　0.00）
　　　（平均　0.08：標準偏差　0.28：中央値　0.00）

　Xy（エックス線反応）は An と同じように，①自分の身体や心の状態へのこだわりを示し，②自分の身体が傷つけられることへの気遣いを表す。また③ Xy が濃淡反応や無彩色反応を伴って漠然とした反応の時は，苦悩や不安に関連するが，④良好な形態水準の Xy は不安の知性化に関連したりもする。

4-4. Sx（性反応） 0（95％）
　　　（Sx＝1　5％：Sx≧2　1％）
　　　（平均　0.06：標準偏差　0.27：中央値　0.00）
　　　（平均　0.19：標準偏差　0.53：中央値　0.00）

　Sx（性反応）のほとんどは人間の生殖器の知覚であり，通常の検査状況において，わが国の健常成人が Sx を答えることはまれである。既述のように，ロールシャッハ・テストで反応を言語化する前に，被検者は多くの潜在的反応を経験し，それらを検閲・選択して適切と思える反応を答えるので，Sx を言語化することをタブーとしない状況では，健常成人でも Sx を答えることが見られる。例えば被検者が検査者と親しい人で，被検者がこのテストを気楽に受けている時や，被検者が物事にあまりこだわらない時に Sx が答えられたりする。

　こうした場合以外の Sx は，①性について悩みを抱いている人，②性への興味や関心が強い人，③社会規範を無視する人，④精神的に退行し，統制力を失った人などに見られる。神経症者で性的無能力に悩むクライエントが「私が今関心をもっているペニスです」と答えるのは①であり，性犯罪者が図版のほと

んどに「女性器」を答え，「これもまた，あそこに見えます」と答えるなどは②である。また累犯性の犯罪者やパーソナリティ障害者や躁状態の人で，社会規範を無視する者がSxを答えるのは③であり，統合失調症者や発病前の状態の者がSxを答えるのは④や③のことが多い。

5．孤立指標に関する内容

孤立指標は第6章「対人知覚」で述べたように，Bt（植物反応），Cl（雲反応），Ge（地理反応），Ls（風景反応），Na（自然反応）の反応内容の個数により，Bt＋2Cl＋Ge＋Ls＋2Na/Rで計算される。

5-1．Bt（植物反応）　0〜2（68％）
（Bt＝0　23％：Bt≧3　32％）
（平均　1.85：標準偏差　1.58：中央値　2.00）
（平均　2.22：標準偏差　1.52：中央値　2.00）

　Bt（植物反応）の中では「花」が最も多く答えられ，成人よりも児童に，男性よりも女性に多く生じる。「花」は幼児性，受動性，感受性，依存性などに関連すると考えられている。とくに色彩に影響され，漠然と「花」と答える成人の中には，幼児的あるいは他人任せの生活態度をもち，物事を表面的にとらえ，思考や感情への統制力を欠如している者が見られる。

　「葉」も，批判力を欠き，依存的な受動性や無感動性を表すという研究者が多い。とくに「虫に食われた葉」「ぼろぼろの枯葉」などMORを伴う「葉」は，否定的な自己像をもち，悲観的な考え方をしていることが多く，不安や抑うつ気分と関連するようである。

　「木」について，フィリップスとスミスは自分の性的役割が確立されていない人に見られると述べたが，必ずしもそうとはいえない。同じ「木」でも，Ⅳ図W「葉が茂った巨木」「上の方が枯れた木」，Ⅵ図W「鉢植えの盆栽の木」，Ⅵ図W（∨）「不安定な木」などの反応は，被検者の自己像や権威像への見方を表すようである。

　「海草」はわが国の被検者に独特の反応内容として生じるようで，「コンブ」「ワカメ」「海草」「藻」などとして答えられ，不明確な自己像，自信欠如，不安などに関連するようである。われわれの資料では健常成人よりも統合失調症者に，「海草」が多く出現している。

5-2. Cl（雲反応）　0（93％）
　　　（Cl ≧ 1　7％）
　　　（平均　0.08：標準偏差　0.31：中央値　0.00）
　　　（平均　0.16：標準偏差　0.41：中央値　0.00）
　Cl（雲反応）は次の Ge と同じように，被検者が「何も見えません」というかわりに「インク」「絵の具」と答える内容に近く，テストへの不安や，警戒心や逃避の態度を示すことが多い。したがって Cl は活動性を欠き，現実生活に積極的に参加する意欲が少なく，不安や警戒心や逃避傾向を示すと考えられている。フィリップスとスミスが「雲」の示す逃避性が，現在の不安や不安全感と結びつき，養育と保護の与えられる関係を作りたいという郷愁的な依存欲求を表すというのも，これに関連するのかもしれない。なお統合失調症者群で Cl ≧ 1 の者は 14％である。

5-3. Ge（地理反応）　0（89％）
　　　（Ge ≧ 1　12％）
　　　（平均　0.14：標準偏差　0.41：中央値　0.00）
　　　（平均　0.14：標準偏差　0.45：中央値　0.00）
　Ge（地理反応）も Cl と同じように警戒心や逃避的態度を表し，自分の内的状態や感情などの自由な表現を避ける傾向を示している。単に「地図」と答えないで，「オーストラリア」「日本地図」「アラビア半島」など，具体的な名前をあげた Ge は，現実の課題を積極的に処理しようとする態度を欠きながらも，知的に自己を顕示したり，知性化の機制を用いることがある。

5-4 4. Ls（風景反応）　0〜1（76％）
　　　（Ls = 0　43.50％：Ls = 1　32.75％：Ls ≧ 2　23.75％）
　　　（平均　0.92：標準偏差　1.07：中央値　1.00）
　　　（平均　0.93：標準偏差　1.04：中央値 1.00）
　Ls（風景反応）は，争いや批判を避ける傾向を表し，時には劣等感を抱いていたり，依存欲求が満たされない孤独感や不安に関連すると考えられている。例えばフィリップスとスミスによると，「山」は大きく強力な存在と自分を比較した劣等感を，「丘」も同じような無力感や劣等感を示すが，依存欲求に結びつきやすい。またフィリップスらは「島」が孤独，不安全感，見はなされた

り拒否された感情を,「崖」「峡谷」が拒絶されたり棄てられた感じや,孤独感や不安全感が抑圧された感情を表しやすいと述べている。

5-5. Na（自然反応）　0（77％）
　　　（Na≧1　23％）
　　　（平均　0.26：標準偏差　0.52：中央値　0.00）
　　　（平均　0.45：標準偏差　0.81：中央値　0.00）

　Na（自然反応）も Ls と同じように争いの回避や孤独感と関連し,ヘルツ（Herz, M., 1948）も「湖への固執が不安全感,孤独,他者からの孤立,愛情剥奪感を示す」と述べている。また「水」あるいは「川」「湖」「海」など,「水」に関連する Na がアルコール症者によく見られ,依存性や無気力と関連するとの研究が見られたが,「水」に関連した反応内容がアルコール症と関連するという見解には,ピオトロウスキーをはじめ批判的な意見が多い。さらに「岩」が,不安定な状態にあって安全性を求める人や,器質的障害の人に見られやすいなどの見解もあるが,機械的に適用すべきではない。

　またフィリップスとスミスは,「空」「嵐」「日の出」などが,自分の力ではどうにもできない力に動かされているという不安や無力感を表し,「つらら」「雪の結晶」などが感受性・繊細さ・如才なさ・芸術的評価に結びつく女性性を表し,「雪」や「氷」が母親によって拒絶された人によく見られると述べている。

6．知性化指標に関する内容

　知性化指標は第2章「感情」で述べたように,特殊スコアの AB（抽象反応）と反応内容の Art（芸術反応）,Ay（人類学反応）の個数により,2 AB ＋ Art ＋ Ay で計算される。

6-1. AB（抽象反応）　0（86％）
　　　（平均　0.18：標準偏差　0.47：中央値　0.00）
　　　（平均　0.21：標準偏差　0.56：中央値　0.00）

　包括システムでは AB（抽象反応）を特殊スコアとしてコードし,反応内容としてはスコアしていない。AB の解釈仮説については第2章「感情」を参照されたい。

6-2. Art（芸術反応）　0～1（77％）
　　（Art＝0　41％：Art＝1　36％）
　　（平均　0.94：標準偏差　1.06：中央値　1.00）
　　（平均　1.19：標準偏差　1.42：中央値　1.00）

　フィリップスとスミスは，Art（芸術反応）が，①知能の高い人に見られやすく，②細心の注意を払う態度や芸術的関心と繊細さを反映し，③迫力や激しさを欠き，適度に上品に行動し，騒がしさや情緒の表出を避け，④男性よりも女性に生じやすく，女性的役割を反映しているといっている。さらに，男性の被検者では，自己主張を避け，問題を非現実的で知性化された方法で処理しがちであり，一般にArtの多い人は，用心深く警戒的な人とか逃避的な人であると述べている。

　しかし同じArtでも，「家紋」「紋章」などは，アイデンティティへの関心を示したり，「勲章」と同じように，体裁を重んじたり，自己顕示に関連する可能性もある。また「イヤリング」「羽飾り」などは美的関心から女性的役割への関心を表すこともあろう。

6-3. Ay（人類学反応）　0（78％）
　　（Ay＝1　17％）
　　（平均　0.27：標準偏差　0.55：中央値　0.00）
　　（平均　0.56：標準偏差　0.69：中央値　0.00）

　Ay（人類学反応）は被検者の住んでいる時代や社会から離れた対象の知覚であり，自分と対象との間に距離をおくことで，感情を抑制する反応である。われわれの臨床経験によると，Ayは，①感情を率直に示さなかったり，逃避の機制を表す以外に，②高知能，③知的興味の範囲の広さ，④時には自己顕示などにも関連するようである。

7．火・爆発に関する内容

7-1. Fi（火反応）　0～1（83％）
　　（Fi＝0　48％：Fi＝1　34％：Fi＝2　13％）
　　（平均　0.76：標準偏差　0.93：中央値　1.00）
　　（平均　0.81：標準偏差　0.84：中央値　1.00）

　Fi（火反応）はBlや次のExと同じように，①情緒を適切に統制しにくい

ことや，②怒りや怨恨や，③破壊衝動の存在などに関連すると考えられている。しかし同じ Fi でも「火事」や「ガスバーナーの火」は「暖炉の火」や「ろうそくの炎」と意味が異なっている。なお包括システムの Fi には「煙」を含んでいるが，同じ Fi とコードされても，「火事」に関連して知覚された「煙」と異なり，単に「煙」という答は「雲」に近い意味をもつ可能性もある。

7-2. Ex（爆発反応） 0（82 ％）
　　　（Ex＝1　15 ％）
　　　（平均　0.21：標準偏差　0.48：中央値　0.00）
　　　（平均　0.21：標準偏差　0.47：中央値　0.00）

上述のように Ex（爆発反応）は Bl と同じように，健常成人にはあまり出現しない内容であり，感情を統制しにくいことに関連する。

8．その他の内容

8-1. Fd（食物反応） 0（65 ％）
　　　（Fd＝1　26 ％：Fd≧2　9 ％）
　　　（平均　0.48：標準偏差　0.79：中央値　0.00）
　　　（平均　0.26：標準偏差　0.55：中央値　0.00）

Fd（食物反応）は成人よりも児童に多く出現することからも，口唇的依存欲求を示し，他者に依存し養育されたい欲求に関連すると考えられている。したがって Fd は成人としての役割を避けようとするともいえる。

8-2. Sc（科学反応） 0〜1（82 ％）
　　　（Sc＝0　50 ％：Sc＝1　32 ％：Sc＝2　11 ％：Sc≧3　7 ％）
　　　（平均　0.80：標準偏差　1.07：中央値　0.00）
　　　（平均　1.64：標準偏差　1.41：中央値　1.00）

Sc（科学反応）の中の「船」「ロケット」「飛行機」「バイク」などに関連し，フィリップスとスミスは「乗り物」（Tr：Travel）が未成熟な人に生じるとも述べるが，根拠は明白ではない。われわれの資料では，「乗り物」が女性よりも男性に多く答えられるので，Sc の中の「乗り物」は男性的な興味や男性的役割への関心を示すようである。

さらに Sc にコードされる「ピストル」「弾丸」「刀」などの「武器」は，多

くの研究者が敵意や攻撃傾向を示唆すると述べている。なお「つり針」「釘」「はさみ」「鎌」なども包括システムでは Sc とコードされているが，「武器」と同じような意味をもつのかもしれない。

また Sc とコードされる「宇宙船発射台」「エッフェル塔」「鉄塔」などの「建造物」について，ラパポートら（Rapaport, D., Gill, M., & Schafer, R., 1946）は男性的興味や男性的衝動を示すと述べている。

なお反応内容の二次的内容として Sc がコードされる「宇宙人」「エイリアン」「仮面ライダー」「バットマン」[(H), Sc] などは，被検者にとって特別の意味をもつことがある。

8-3. Mu（音楽反応） 0〜1（91％）
　　　（Mu＝0　55％：Mu＝1　37％　：Mu≧2　9％）
　　（平均　0.57：標準偏差　0.71：中央値　0.00）

エクスナーは Mu（音楽反応）のコードを用いず，かつて「ギター」を Id，「太鼓」を Sc とコードしたこともある。わが国の健常成人では，Ⅵ図 W の「音楽反応」は P（平凡反応）となるほど出現頻度が高く，特別の意味をもたないと思われる。ただし「毛皮を張ったバイオリン」や「こわれた三味線」など，他の内容と同じように，特異な表現には留意すべきである。

8-4. Hh（家財道具反応） 0〜1（74％）
　　　（Hh＝0　42％：Hh＝1　33％　：Hh≧3　8％）
　　（平均　0.95：標準偏差　1.03：中央値　1.00）
　　（平均　1.24：標準偏差　1.06：中央値　1.00）

Hh（家財道具反応）には，さまざまな対象が含まれているので，全体としての象徴的意味は明確でない。

8-5. Cg（衣服反応） 0〜2（77％）
　　　（Cg＝0　26％：Cg＝1　32％：Cg＝3　19％：Cg≧4　12％）
　　（平均　1.60：標準偏差　1.53：中央値　1.00）
　　（平均　2.16：標準偏差　1.57：中央値　2.00）

Cg（衣服反応）は，①性的差違や性的役割についての関心や，②社会的習慣や社会的名声への関心を表すと考えられている。また衣服は社会的地位を表

すことがあるので，Cg が，③他者からの注目を得ようとの欲求に関連することもある。さらに衣服は人の本当の姿を隠すし，とくに「外とう」「マント」「頭巾」のように人の姿を隠す Cg は，④対人不信感や外界への警戒心を示すともいわれている。

8-6. Ma（仮面反応）　0（71 %）
　　（Ma＝1　22 %：Ma≧2　7 %）
　　（平均　0.39：標準偏差　0.70：中央値　0.00）

Ma（仮面反応）はわが国の被検者には多く出現する反応内容である。Ma の意味に関する見解は多いが，①他者の存在を意識し，②他者への警戒心や猜疑心などを示したり，③社会的に望ましくない欲求を隠して，④期待される社会的役割を演じようとする傾向などに関連するようである。

8-7. Id（個性記述的内容反応）　0〜1（69 %）
　　（Id＝0　32 %：Id＝1　36 %：Id＝2　19 %：Id≧3　12 %）
　　（平均　1.18：標準偏差　1.17：中央値　1.00）
　　（平均　0.34：標準偏差　0.65：中央値　0.00）

Id（個性記述的内容反応）は，上記のコードに属さない反応内容である。かつてベック（Beck, S., 1949）が用いた「文字（Al：Alphabet）」「建造物（Ar：Architecture）」「天体（As：Astronomy）」「宗教（Rl：Religion）」などは出現頻度が少ないという理由で，包括システムでは Id とコードされる。またフィリップスとスミスが用いている「死（Dh：Death）」「インク（St：Stain）」「職業（Vo：Vocation）」「武器（War）」などに分類される反応内容も Id とコードされる。したがって Id の中には「建造物（Arch：Architecture）」のようにかなり出現する内容と，Dh に分類される「墓場」などほとんど出現しない反応内容があり，後者については被検者に関する個性的な情報を与えることが多い。

第12章 ステップ解釈の例

　本章では事例を基に「逐語的記録」(172〜175頁)「領域図」(図12−1)、「スコアの系列」(表12−2)、「特殊指標の布置の表」(表12−3)、「構造一覧表」(表12−4) を示し、これらによってステップ解釈をどのように進めるかの過程を明らかにしたい。

　包括システムの解釈においては、ステップ解釈によって各クラスター内のすべての変数を、相互に関連づけながら順次検討していく。その際、ある変数の数値が平均よりも離れた値を示す場合、それを取り上げて検討し、さらに1つの変数だけでなく他の変数と関連させることによって、各クラスターごとに解釈をまとめ、最後にすべてを総合してクライエントのパーソナリティを明らかにしていく。

　これに関してわれわれは、ロールシャッハ・テストの解釈に慣れていない初学者でも、ステップ解釈の順序に従い、解釈を進められるように、表12−1の「ステップ解釈のための期待値との比較表」を作成して用いている。この表は第1章「ロールシャッハ・テストの解釈」の表1−4「各クラスター内の変数を検討する順序」に基づき、各クラスター内で検討していく変数の順序をあげ、その変数に関するわが国の健常成人の期待値などを記載してある。検査者は「構造一覧表」に明らかにされた数値を「ステップ解釈のための期待値との比較表」の該当欄に転記し、あらかじめ記載してある期待値から逸脱している変数にアスタリスクを付記することで、各クラスターで検討するステップの順序とともに、とくに注目すべき変数を知ることができる。

　本章ではステップ解釈を行う手がかりとして、表12−1に数値を記載した表12−5の「ステップ解釈のための期待値との比較表」の中の、アスタリスクのついた変数を中心に検討を進めるが、実際の解釈においては、事例にも示したようにアスタリスクのついていない変数も考慮していくことを忘れてはならない。

　さらに臨床場面で事例を解釈する場合は、ロールシャッハ・テストを実施す

表12－1　ステップ解釈のための期待値との比較表

R（反応数）17～31　（　　　）	思考
情報処理	EB　　　＝2～6：1.5～5.0
ラムダ　＝0.36～1.50　（　　　）	（　　：　　）
EB　　　＝2～6：1.5～5.0	ラムダ　＝0.36～1.50　（　　　）
（　　：　　）	EBPer　　　　　　　　　（　　　）
OBS　　　　　　　　　（　　　）	a：p　＝3～8：2～5　（　　：　　）
HVI　　　　　　　　　（　　　）	HVI　　　　　　　　　（　　　）
Zf　　　＝10～18　　（　　　）	OBS　　　　　　　　　（　　　）
W：D：Dd＝7～15:4～16:0～3	MOR＝0　　　　　　　（　　　）
（　：　：　）	eb＝2～7：1～4　　（　　：　　）
反応領域の系列	ebの左辺（FM=2～6　m＝0～1）
W：M＝7～15:2～6（2～5:1）	（　　）（　　）
（　　：　　）	Ma：Mp＝1～4：1～3
Zd　　＝－6.0～＋3.0　（　　　）	（　　：　　）
PSV　＝0　　　　　　（　　　）	2AB+Art+Ay＝0～2　（　　　）
DQ+　＝3～9　DQo＝10～22	6つの特殊スコア
（　　）（　　）	DV　＝0　DV2　＝0　（　　）（　　）
DQv/+＝0　　DQv＝0～2	INC　＝0　INC2　＝0　（　　）（　　）
（　　）（　　）	DR　＝0　DR2　＝0　（　　）（　　）
DQの系列	FAB＝0　FAB2＝0　（　　）（　　）
	ALOG　＝0　　　　　（　　　）
認知的媒介	CON　　＝0　　　　　（　　　）
R　　　＝17～31　（　　　）	Sum6　＝0～1　　　（　　　）
OBS　　　　　　　（　　　）	WSum6＝0～3　　　（　　　）
ラムダ　＝0.36～1.50（　　　）	6つの特殊スコアの質（反応を読む）
XA%　＝0.86～0.96（　　　）	M反応の形態水準
WDA%＝0.87～0.97（　　　）	M反応の質（M反応を読む）
FQxnone＝0　　　　（　　　）	
X-%　＝0～0.11　（　　　）	**統制とストレス耐性**
FQx-　＝0～2　　（　　　）	Adj D　＝－1～＋1　（　　　）
S-　　＝0　　　　（　　　）	CDI　　＝0～3　　　（　　　）
マイナス反応の同質性と歪みの程度	EA　　　＝4.0～10.0　（　　　）
P　　　＝4～7　　（　　　）	EB　　　＝2～6：1.5～5.0
C　　　＝1～2　　（　　　）	（　　：　　）
FQx+　＝0　　　　（　　　）	ラムダ　＝0.36～1.50　（　　　）
X+%　＝0.64～0.87（　　　）	es　　　＝4～11　　（　　　）
Xu%　＝0.07～0.26（　　　）	Adj es　＝4～10　　（　　　）
	eb　　　＝2～7：1～4
	（　　：　　）
	FM　＝2～6　　m＝0～1
	（　　）（　　）
	SumC'＝0～1　SumT＝0
	（　　）（　　）
	SumV＝0　　　SumY＝0
	（　　）（　　）

感情
```
DEPI        = 0 ～ 4           (        )
CDI         = 0 ～ 3           (        )
EB          = 2 ～ 6 : 1.5 ～ 5.0
                               (    :   )
ラムダ       = 0.36 ～ 1.50     (        )
EBPer                          (        )
eb          = 2 ～ 7 : 1 ～ 4   (    :   )
eb の右辺
SumC'       = 0 ～ 1           (        )
   SumT     = 0                (        )
   SumV     = 0                (        )
   SumY     = 0                (        )
SumC':WSumC = 0 ～ 1 : 1.5 ～ 5.0
                               (    :   )
Afr         = 0.33 ～ 0.64     (        )
2AB+Art+Ay  = 0 ～ 2           (        )
CP          = 0                (        )
FC:CF+C     = 1 ～ 3 : 1 ～ 3
                               (    :   )
Pure C      = 0                (        )
S           = 0 ～ 4           (        )
Blends      = 1 ～ 4           (        )
m や Y のブレンド = 0 ～ 1      (        )
ブレンドの複雑さ
色彩濃淡ブレンド  = 0          (        )
濃淡ブレンド      = 0          (        )
```

自己知覚
```
OBS                            (        )
HVI                            (        )
Fr+rF       = 0                (        )
3r+(2)/R    = 0.16 ～ 0.44
                               (        )
FD          = 0                (        )
(生活史との関係で検討)
SumV        = 0                (        )
(生活史との関係で検討)
An + Xy     = 0                (        )
MOR         = 0                (        )
H:(H)+Hd+(Hd) = 2 ～ 5 : 0 ～ 2
                               (    :   )
人間反応内容の検討
投影の検討 (マイナス反応, MOR 反
  応, M と人間反応内容, FM および
  m 反応, 修飾された反応)
```

対人知覚
```
CDI         = 0 ～ 3           (        )
HVI                            (        )
a:p         = 3 ～ 8 : 2 ～ 5   (    :   )
Food        = 0                (        )
SumT        = 0                (        )
Human Cont  = 3 ～ 8            (        )
H           = 2 ～ 5           (        )
GHR:PHR     = 2 ～ 6 : 1 ～ 4 (2:1)
                               (    :   )
COP         = 0 ～ 2           (        )
(頻度とコードの検討)
AG          = 0                (        )
(頻度とコードの検討)
PER         = 0                (        )
Isol Indx   = 0.05 ～ 0.26
                               (        )
ペアの M と FM の反応内容
```

状況関連ストレス
```
D           = － 1 ～ ＋ 1      (        )
(es と Adj es の関係で検討)
D と Adj D の差 = 0            (        )
m           = 0 ～ 1           (        )
SumY        = 0                (        )
SumT        = 0                (        )
(T, V, 3r+(2)/R では生活史との関係で検討)
SumV                           (        )
3r+(2)/R    = 0.16 ～ 0.44     (        )
D スコア                       (        )
(Pure C, M－, Mnone との関係で検討)
ブレンド反応
   m や Y のブレンド
      m のブレンド    = 0 ～ 1
                               (        )
      Y のブレンド    = 0
                               (        )
   色彩濃淡ブレンド   = 0
                               (        )
   濃淡ブレンド       = 0
                               (        )
```

る目的を明らかにし，それに答えるように解釈結果をまとめねばならないし，現在の症状や生活史，あるいは他の心理テストの結果や面接と関連づけて解釈を行うことが必要である。しかしここでは，ステップ解釈の進め方を明らかにするために，他の情報をすべて省略し，クライエントの状況を簡単に述べたい。

クライエントは45歳の男性であり，もともと神経質で凝り性だったそうである。大学卒業後，ある会社に就職したクライエントは，人間関係に気を遣うことが多かったが，大過なく十数年間勤務して，この会社の管理職となった。しかし，管理職の役割に負担を感じるようになり，退社して新しい仕事についた。この頃から，クライエントは現実感が乏しく，物事に感動することがなくなったと訴え，自分が2人いて，健康な自分が病的な自分に操られている気持ちがするなど，離人症的な状態を気にして不安が強まり，精神科を受診し，ロールシャッハ・テストを受けるにいたった。以下に逐語的記録を示すが，Eは検査者を，Sは被検査者を示す。

事例　45歳　男性

図版	反応段階	質問段階
I	1″	
	1．コウモリ。	E：（被検者の反応を繰り返す。以後の反応でも同様であるが，記述を省略する。） S：ここが羽（左右D2を囲む）で，ここが顔で，黒くて，全体的に暗いイメージのコウモリ。
	2．鳥。	S：コウモリと大体同じです。羽と顔と，ここはしっぽです。
II	39″	
	3．イヌが2匹いるように見えます。	S：これが1つと，これが1つ（左右D1を指す）。この部分が顔で，ここが足。コイヌが2匹じゃれあっている感じです。 E：じゃれあっているといわれましたが…… S：ここ（D4）で手を合わしたりして。

図版	反応段階	質問段階
	4. クマが2匹いる。	S：さっきと同じで，顔が何となくクマに，何かじゃれあっている。これは楽しく遊んでいる感じ。
Ⅲ 9″ (回転後)		
	5. 女性が2人という感じ（D1を漠然と指で囲む）。	S：これとこれ（左右を指さす）。顔で，胸のふくらみがあって。これ，高いハイヒールはいて，向き合っています。
∨	6. パンダがいますね。	S：ここが顔で，目（左右Dd31）のふちが黒で，この辺が体ですね。
	7. 魚が2匹泳いでいるみたい。	S：こことここ（左右）2匹泳いでいる感じです。細長いのと尾びれがあって，ここが魚の顔（D5の上部）みたい。
Ⅳ 13″ (回転後)		
	8. なめし皮みたいな感じ。	S：全体に平べったい感じで，こうトラかライオンが押しつぶされた感じです。ここが顔の部分。 E：押しつぶされたといわれたのは？ S：はい。平べったくなっているから。 E：なめし皮といわれましたが，私にも分かるように説明してください。 S：（ブロット内部を指でなぞりながら）こう，つるっとした所が皮のように見えました。
∨	9. 鳥ですね。	S：さっきのコウモリに似ているけど，ここが羽で，黒い鳥で，陰うつな暗いイメージです。
Ⅴ 4″ (回転後)		
	10. これも同じようで，コウモリです。	S：この部分（左右D4）が羽で，ここ（D6）が頭で，吸血というイメージがあります

図版	反応段階	質問段階
		ね。やはり黒くて暗い感じで陰湿です。
		E：吸血というイメージが分からないのですが？
		S：コウモリが陰うつで，どこかの国にいる吸血コウモリを連想しただけです。
	11. チョウチョですね。	S：この2本（D9）がチョウチョの足ですね。羽とこの足がよく似ています。
	∨12. グライダーですね。	S：これ（左右D4）が翼の部分で，全体にスマートで，いかにもよく飛びそうな感じがします。
Ⅵ	129"（回転いちじるしい）	
	13. トンボみたい。それだけです。	S：顔の部分が……ここが目に見えて（その中の黒い部分を指す），これがトンボみたい。
Ⅶ	6"（回転後）	
	14. 子どもが2人。女の子が2人です。	S：この部分とこの部分です（左右D2）。ポニーテール結んで，何か2人で遊んでいる感じですね。
	∨15. 女性の顔に見えます。そのくらいです。	S：ここ（D4）が頭の毛で，ここら（左右のD8）が目です。こうして手で目を押さえているみたいです（自分の目を押さえる）。はっきり分かりませんが。
		E：どのように見られたのか，私にも分かるように説明してくれませんか。
		S：頭の毛の下のここ（DS7）が顔で，目があって，ここら（D1を漠然と囲む），目を押さえているのが手です。泣いています。

図版	反応段階	質問段階

Ⅷ　12"（回転後）
　∨16. 花ですね。　　　　　S：色彩，色相からですね。色合いから花の部分で，とくにこの（D2）ぼんやりした色合いが（指で触れる）花らしく，ここら（D4＋D5）が色彩から葉のようです。

　　17. ネコが2匹。それくらいです。　　　　S：この部分が動物ですね。ネコのよう。こっちに，もう1匹。足があって。

Ⅸ　27"（回転いちじるしい）
　∨18. これも花に見えます。　S：色彩からですね。ここに花が4つあるみたいです。チューリップみたいな色ですね。グリーンが葉っぱです。

　∨19. 女の子が泣いているみたい。　　　S：緑の部分が髪の毛で，茶色のここが手で，目を押さえて泣いているとこです。

Ⅹ　32"（回転いちじるしい）
　∨20. ウマの顔ですね。　　S：細長い感じですね。ウマの輪郭です。黄色の部分（D2）が目で，茶色の部分（D3）が鼻です。

　　21. 昆虫です。　　　　　S：この2つを見たらコオロギです。手と足の感じです。細長くて出っ張っています。

　　22.（回転後）塔，東京タワーとかエッフェル塔とか，そんな塔みたいなもの。　　S：ここだけです（D11）。
　　　　　　　　　　　　　E：塔みたいなものといわれましたが？
　　　　　　　　　　　　　S：円錐形みたい。下が三角形になっている。

　　23. 面，お面ですね。　　S：ピンクの部分（左右D9）が輪郭になって，ブルーの2つ（D6）が目ですね。鼻（D5）とひげ（左右D4）があって。

176

領域図

I
- 1＝W
- 2＝W
- 1の顔
- 2のしっぽ

II
- 3，4
- 足
- 顔
- 足

III
- 5の顔
- 5の胸
- 6の体（DdS24）
- 7
- 5のハイヒール
- 6の顔

IV
- 8＝W
- 9＝W
- 8の顔
- 9の羽

V
- 10＝W
- 11＝W
- 12＝W

VI
- 13
- 顔

VII
- 15＝WS
- 14
- 14のポニーテール

VIII
- 16＝W
- 17
- 16の葉
- 16の花

IX
- 19の手
- 19の目
- 19の髪の毛
- 18の葉
- 18の花

X
- 22
- 21
- 20＝DdS22
- 23＝DdS22

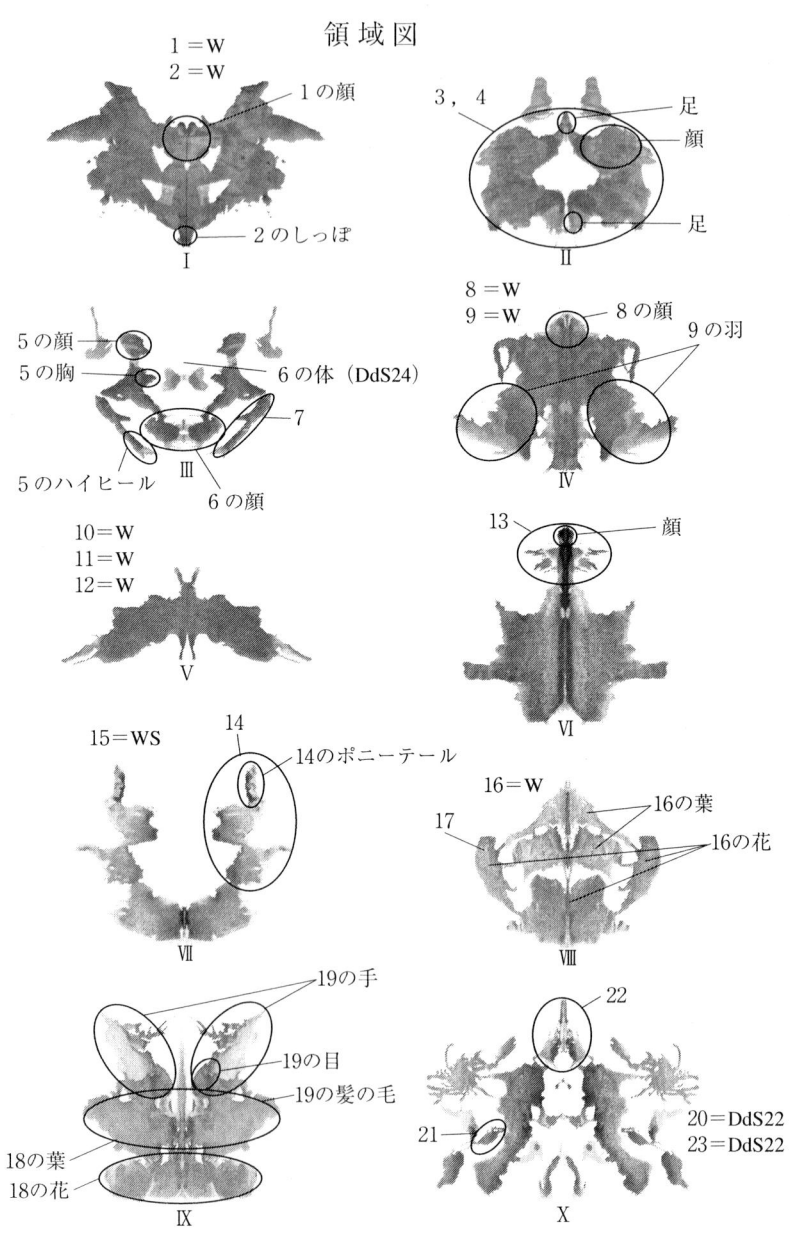

図12－1　領域図（事例　45歳）

第12章 ステップ解釈の例　177

表12－2　スコアの系列（事例　45歳）

================ SEQUENCE OF SCORES ==================

CARD NO	LOC #		DETERMINANT(S)	(2)	CONTENT(S)	POP	Z	SPECIAL SCORES
I	1	Wo1	FC'o		A	P	1.0	
	2	Wo1	Fo		A		1.0	
II	3	D+6	FMao	2	A	P	3.0	COP,GHR
	4	D+6	FMao	2	A	P	3.0	COP,PSV,GHR
III	5	D+1	Mpo	2	H,Cg	P	3.0	GHR
	6	DdSo99	FC'−		A		4.5	
	7	Do5	FMao	2	A			
IV	8	Wo1	FTo		Ad	C	2.0	
	9	Wo1	FC'u		A		2.0	
V	10	Wo1	FC'o		A	P	1.0	
	11	Wo1	Fo		A	P	1.0	
	12	Wo1	Fu		Sc		1.0	
VI	13	Do3	Fo		A			
VII	14	D+2	Mao	2	H		3.0	GHR
	15	WSo1	Mp−		Hd		4.0	MOR,PHR
VIII	16	Wv1	CF.YFo		Bt			
	17	Do1	Fo	2	A	P		
IX	18	Ddo40	CFo		Bt			
	19	Do2	Mp−		Hd			MOR,PHR
X	20	DdSo22	Fo		Ad			
	21	Do7	Fo	2	A			
	22	Do11	Fo		Sc			
	23	DdSo22	Fo		Ma			

===

表 12 － 3　特殊指標の布置（事例　45 歳）

S-Constellation（Suicide Potential）：自殺の可能性
□ 8 項目以上に該当　　　　　　　　　　　注：15 歳以上に適用
　No　FV ＋ VF ＋ V ＋ FD ＞ 2
　Yes　Col-Shd Bl ＞ 0
　Yes　3r+(2)/R ＜.31 あるいは ＞.44
　No　MOR ＞ 3
　Yes　Zd ＞＋ 3.5 あるいは Zd ＜ － 3.5
　Yes　es ＞ EA
　Yes　CF ＋ C ＞ FC
　No　X+ % ＜.70
　Yes　S ＞ 3
　No　P ＜ 3 あるいは ＞ 8
　No　Pure H ＜ 2
　No　R ＜ 17

PTI（Perceptual-Thinking Index）：知覚と思考の指標
　No　（XA % ＜.70）かつ（WDA % ＜.75）
　No　（X-% ＞.29）
　No　（LVL2 ＞ 2）かつ（FAB2 ＞ 0）
＊ No　（R ＜ 17 かつ WSum6 ＞ 12）あるいは（R ＞ 16 かつ WSum6 ＞ 17）
　Yes　（M-＞ 1）あるいは（X-% ＞.40）

DEPI（Depression Index）：抑うつ指標
□ 5 項目以上に該当
　No　（FV+VF+V ＞ 0）あるいは（FD ＞ 2）
　Yes　（Col-Shd Blends ＞ 0）あるいは（S ＞ 2）
＊ Yes　（3r+(2)/R ＞.44 かつ Fr+rF ＝ 0）あるいは（3r+(2)/R ＜.33）
＊ Yes　（Afr ＜.46）あるいは（Blends ＜ 4）
　Yes　（SumShading ＞ FM+m）あるいは（SumC'＞ 2）
　No　（MOR ＞ 2）あるいは（2AB+Art+Ay ＞ 3）
　No　（COP ＜ 2）あるいは（Isol Index ＞.24）

CDI（Coping Deficit Index）：対処力不全指標
□ 4 項目以上に該当
　Yes　（EA ＜ 6）あるいは（AdjD ＜ 0）
　No　（COP ＜ 2）かつ（AG ＜ 2）
　Yes　（WSum C ＜ 2.5）あるいは＊（Afr ＜.46）
　No　（Passive ＞ Active ＋ 1）あるいは（Pure H ＜ 2）
　No　（Sum T ＞ 1）あるいは（Isol Index ＞.24）あるいは（Food ＞ 0）

HVI（Hypervigilance Index）：警戒心過剰指標
□　項目（1）に該当し，かつ，項目（2）〜（8）の 4 項目以上が該当（YES）
　No　（1）FT+TF+T ＝ 0　　　Yes　（2）Zf ＞ 12　　　No　（3）Zd ＞ +3.5
　Yes　（4）S ＞ 3　　　　　　No　（5）H+(H)+Hd+(Hd) ＞ 6
　No　（6）(H)+(A)+(Hd)+(Ad) ＞ 3　　Yes　（7）H+A：Hd+Ad ＜ 4：1
　No　（8）Cg ＞ 3

OBS（Obsessive Style Index）：強迫的様式指標
　Yes　（1）Dd ＞ 3　　　Yes　（2）Zf ＞ 12　　　No　（3）Zd ＞＋ 3.0
　No　（4）Populars ＞ 7　　　No　（5）FQ+ ＞ 1
□下記の 1 項目以上が該当（YES）
　No　上記の（1）から（5）の項目全てが該当
　No　上記の（1）から（4）の項目の内 2 項目以上該当し，かつ（FQ+ ＞ 3）
　No　上記の（1）から（5）の項目の内 3 項目以上該当し，かつ（X+ % ＞.89）
　No　（FQ+ ＞ 3）　かつ　（X+ % ＞.89）

＊児童の場合は修正する

第12章 ステップ解釈の例　179

表12－4　構造一覧表（事例　45歳）

LOCATION FEATURES		DETERMINANTS BLENDS	DETERMINANTS SINGLE		CONTENTS		APPROACH	
					H = 2		I	W.W
Zf	= 13	CF.YF	M	= 4	(H) = 0		II	D.D
ZSum	= 29.5		FM	= 3	Hd = 2		III	D.DdS.D
ZEst	= 41.5		m	= 0	(Hd) = 0		IV	W.W
			FC	= 0	Hx = 0		V	W.W.W
W	= 9		CF	= 1	A =12		VI	D
D	= 10		C	= 0	(A) = 0		VII	D.WS
W+D	= 19		Cn	= 0	Ad = 2		VIII	W.D
Dd	= 4		FC'	= 4	(Ad) = 0		IX	Dd.D
S	= 4		C'F	= 0	An = 0		X	DdS.D.D.DdS
			C'	= 0	Art = 0			
			FT	= 1	Ay = 0			
DQ			TF	= 0	Bl = 0			
+	= 4		T	= 0	Bt = 2		SPECIAL SCORINGS	
o	= 18		FV	= 0	Cg = 1			Lv1　Lv2
v/+	= 0		VF	= 0	Cl = 0		DV = 0	x1　0 x2
v	= 1		V	= 0	Ex = 0		INC = 0	x2　0 x4
			FY	= 0	Fd = 0		DR = 0	x3　0 x6
			YF	= 0	Fi = 0		FAB = 0	x4　0 x7
			Y	= 0	Ge = 0		ALOG = 0	x5
	FORM QUALITY		Fr	= 0	Hh = 0		CON = 0	x7
			rF	= 0	Ls = 0		Raw Sum6 = 0	
	FQx	MQual　W+D	FD	= 0	Ma = 1		Wgtd Sum6 = 0	
+	= 0	= 0　= 0	F	= 9	Mu = 0			
o	=18	= 2　=15			Na = 0		AB = 0	GHR = 4
u	= 2	= 0　= 2			Sc = 2		AG = 0	PHR = 2
-	= 3	= 2　= 2			Sx = 0		COP = 2	MOR = 2
none	= 0	= 0　= 0	(2)	= 7	Xy = 0		CP = 0	PER = 0
					Id = 0			PSV = 1
							PSVS= 0	SD = 0

比率，パーセント，数値

R =23　　　L =0.64

感情
FC:CF+C = 0 : 2
Pure C = 0
SumC':WSumC = 4 :2.0
Afr = 0.53
S = 4
Blends:R = 1 :23
CP = 0

EB = 4 : 2.0　　EA = 6.0　EBPer = 2.0
eb = 3 : 6　　　es = 9　　　D = -1
　　　　　　　Adj es = 9　Adj D = -1

FM = 3　　SumC' = 4　SumT = 1
m = 0　　 SumV = 0　 SumY = 1

対人知覚
COP = 2　AG = 0
GHR:PHR = 4 :2
a:p = 4 : 3
Food = 0
Sum T = 1
Human Cont = 4
Pure H = 2
PER = 0
Isol Indx =0.09

思考
a:p = 4 : 3　　Sum6 = 0
Ma:Mp = 1 : 3　Lv2 = 0
2AB+Art+Ay = 0　WSum6 = 0
MOR = 2　　　 M- = 2
　　　　　　　Mnone = 0

認知的媒介
XA % =0.87
WDA % =0.89
X-% =0.13
S- =2
P =7　C =1
X+ % =0.78
Xu % =0.09

情報処理
Zf =13
W:D:Dd = 9 :10 : 4
W:M = 9 : 4
Zd =-12.0
PSV = 1
DQ+ = 4
DQv = 1

自己知覚
3r+(2)/R =0.30
Fr+rF = 0
Sum V = 0
FD = 0
An+Xy = 0
MOR = 0
H:(H)+Hd+(Hd) = 2 :2

☐ PTI= 1　　☐ DEPI= 4　　☐ CDI= 2　　☐ S-CON= 6　　☐ HVI=No　　☐ OBS=No

表12−5　ステップ解釈のための期待値との比較表（事例　45歳）

R（反応数）17 〜 31　（　23　）	思考
情報処理	EB　　　＝ 2 〜 6 : 1.5 〜 5.0
ラムダ　＝ 0.36 〜 1.50　（　0.64　）	（　4 : 2.0　）
EB　　　＝ 2 〜 6 : 1.5 〜 5.0	ラムダ　＝ 0.36 〜 1.50　（　0.64　）
（　4 : 2.0　）	EBPer　　　　　　　　（　2.0　）
OBS　　　　　　　　　（　No　）	a : p ＝ 3 〜 8 : 2 〜 5　（　4 : 3　）
HVI　　　　　　　　　（　No　）	HVI　　　　　　　　　（　No　）
Zf　　　＝ 10 〜 18　（　13　）	OBS　　　　　　　　　（　No　）
＊W : D : Dd ＝ 7 〜 15 : 4 〜 16 : 0 〜 3	＊MOR　＝ 0　　　　　（　2　）
（ 9 : 10 : 4 ）	＊ eb　＝ 2 〜 7 : 1 〜 4　（　3 : 6　）
反応領域の系列	eb の左辺（FM＝2 〜 6　m ＝ 0 〜 1）
W : M ＝ 7 〜 15 : 2 〜 6 （ 2 〜 5 : 1 ）	（　3 ）（　0 ）
（　9 : 4　）	＊Ma : Mp　　　　＝ 1 〜 4 : 1 〜 3
＊Zd　　＝ − 6.0 〜 + 3.0　（ − 2.0 ）	（　1 : 3　）
＊PSV　＝ 0　　　　　（　1　）	2AB+Art+Ay ＝ 0 〜 2　（　0　）
DQ+　＝ 3 〜 9　　DQo ＝ 10 〜 22	6 つの特殊スコア
（　4 ）（　18 ）	DV　＝ 0　DV2 ＝ 0 （　0 ）（　0 ）
DQv/+ ＝ 0　　　　DQv ＝ 0 〜 2	INC　＝ 0　INC2 ＝ 0 （　0 ）（　0 ）
（　0 ）（　1 ）	DR　＝ 0　DR2 ＝ 0 （　0 ）（　0 ）
DQ の系列	FAB ＝ 0　FAB2 ＝ 0 （　0 ）（　0 ）
	ALOG　＝ 0　　　　（　0　）
認知的媒介	CON　＝ 0　　　　　（　0　）
R　　　＝ 17 〜 31　（　23　）	Sum6　＝ 0 〜 1　　（　0　）
OBS　　　　　　　　（　No　）	WSum6 ＝ 0 〜 3　　（　0　）
ラムダ　＝ 0.36 〜 1.50　（　0.64　）	6 つの特殊スコアの質（反応を読む）
XA%　　＝ 0.86 〜 0.96　（　0.87　）	M 反応の形態水準
WDA%　＝ 0.87 〜 0.97　（　0.89　）	M 反応の質（M 反応を読む）
FQxnone ＝ 0　　　　（　0　）	
＊X−%　＝ 0 〜 0.11　（　0.13　）	**統制とストレス耐性**
＊FQx−　＝ 0 〜 2　　（　3　）	Adj D　＝ − 1 〜 + 1　（ − 1　）
＊S−　＝ 0　　　　　（　2　）	CDI　　＝ 0 〜 3　　（　2　）
マイナス反応の同質性と歪みの程度	EA　　　＝ 4.0 〜 10.0　（　6.0　）
P　　　＝ 4 〜 7　　（　7　）	EB　　　＝ 2 〜 6 : 1.5 〜 5.0
C　　　＝ 1 〜 2　　（　1　）	（　4 : 2.0　）
FQx+　＝ 0　　　　　（　0　）	ラムダ　＝ 0.36 〜 1.50　（　0.64　）
X+%　　＝ 0.64 〜 0.87　（　0.78　）	es　　　＝ 4 〜 11　　（　9　）
Xu%　　＝ 0.07 〜 0.26　（　0.09　）	Adj es　＝ 4 〜 10　　（　9　）
	＊eb　　＝ 2 〜 7 : 1 〜 4
	（　3 : 6　）
	FM　＝ 2 〜 6　　m ＝ 0 〜 1
	（　3 ）（　0 ）
	SumC'＝ 0 〜 1　SumT ＝ 0
	＊（　4 ）（　1 ）＊
	SumV ＝ 0　　　SumY ＝ 0
	（　0 ）（　1 ）＊

感情

DEPI	$= 0 \sim 4$	(4)	
CDI	$= 0 \sim 3$	(2)	
EB	$= 2 \sim 6 : 1.5 \sim 5.0$	(4 : 2.0)	
ラムダ	$= 0.36 \sim 1.50$	(0.64)	
EBPer		(2.0)	
＊eb	$= 2 \sim 7 : 1 \sim 4$	(3 : 6)	

eb の右辺
- ＊SumC' $= 0 \sim 1$ (4)
- ＊SumT $= 0$ (1)
- SumV $= 0$ (0)
- ＊SumY $= 0$ (1)

＊SumC': WSumC $= 0 \sim 1 : 1.5 \sim 5.0$
(4 : 2.0)

Afr	$= 0.33 \sim 0.64$	(0.53)	
2AB+Art+Ay	$= 0 \sim 2$	(0)	
CP	$= 0$	(0)	
＊FC : CF+C	$= 1 \sim 3 : 1 \sim 3$	(0 : 2)	
Pure C	$= 0$	(0)	
S	$= 0 \sim 4$	(4)	
Blends	$= 1 \sim 4$	(1)	
m や Y のブレンド	$= 0 \sim 1$	(1)	

ブレンドの複雑さ
- ＊色彩濃淡ブレンド $= 0$ (1)
- 濃淡ブレンド $= 0$ (0)

自己知覚

OBS		(No)	
HVI		(No)	
Fr+rF	$= 0$	(0)	
3r+(2)/R	$= 0.16 \sim 0.44$	(0.30)	
FD	$= 0$	(0)	

（生活史との関係で検討）

SumV $= 0$ (0)
（生活史との関係で検討）

An + Xy	$= 0$	(0)	
＊MOR	$= 0$	(2)	
H :(H)+Hd+(Hd)	$= 2 \sim 5 : 0 \sim 2$	(2 : 2)	

人間反応内容の検討
投影の検討（マイナス反応，MOR 反応，M と人間反応内容，FM および m 反応，修飾された反応）

対人知覚

CDI	$= 0 \sim 3$	(2)	
HVI		(No)	
a : p	$= 3 \sim 8 : 2 \sim 5$	(4 : 3)	
Food	$= 0$	(0)	
＊SumT	$= 0$	(1)	
Human Cont	$= 3 \sim 8$	(4)	
H	$= 2 \sim 5$	(2)	
GHR : PHR	$= 2 \sim 6 : 1 \sim 4$	(2 : 1) (4 : 2)	
COP	$= 0 \sim 2$	(2)	

（頻度とコードの検討）

AG	$= 0$	(0)	

（頻度とコードの検討）

PER	$= 0$	(0)	
Isol Indx	$= 0.05 \sim 0.26$	(0.09)	

ペアの M と FM の反応内容

状況関連ストレス

D	$= -1 \sim +1$	(-1)	

（es と Adj es の関係で検討）

D と Adj D の差	$= 0$	(0)	
m	$= 0 \sim 1$	(0)	
＊SumY	$= 0$	(1)	
＊SumT	$= 0$	(1)	

（T, V, 3r+(2)/R では生活史との関係で検討）

SumV			
3r+(2)/R	$= 0.16 \sim 0.44$	(0.30)	
D スコア		(-1)	

（Pure C, M−, Mnone との関係で検討）
ブレンド反応
　m や Y のブレンド
　　m のブレンド $= 0 \sim 1$
(0)
　＊Y のブレンド $= 0$
(1)
＊色彩濃淡ブレンド $= 0$
(1)
　濃淡ブレンド $= 0$
(0)

1. ステップ解釈を始める前に

1-1. 解釈の前の検討事項

　第1章で述べたように，ステップ解釈を始める前に，テスト状況・反応数・自殺の可能性の指標を検討する。このクライエントは自分の心理状態を知りたいと望み，テストを受けることに協力的であった。R（反応数）は23であり，解釈を進めることに問題はない。S-CON（自殺の可能性）の値は6であり，8に達していないので陽性ではなく，該当した6項目も指標の初めの方の項目ではないので，自殺の可能性がいちじるしいとはいえず，ステップ解釈に進む。

1-2. 鍵変数とクラスター検討の順序の決定

　ステップ解釈を進めるための鍵変数を知るために，表1－2「鍵変数に基づく解釈順序の戦略」の鍵変数の数値を上から順に眺め，表12－4の「構造一覧表」の数値と比較しながら，該当する鍵変数の数値を検討し決定する。クライエントの場合，PT1＞3からCDI＞3までの項目には該当せず，Adj D＝－1でありAdj D＜0が該当し，これが鍵変数となる。したがってクラスターを検討する順序は，統制（とストレス耐性）から始めることになる。

　統制（とストレス耐性）のクラスター以後については，次に該当する鍵変数を検討すると，体験型内向型に該当するので，思考→情報処理→認知的媒介→統制→感情→自己知覚→対人知覚の順になるが，統制はAdj D＜0の鍵変数により最初に検討する。したがってクラスターを検討する順序は，統制→思考→情報処理→認知的媒介→感情→自己知覚→対人知覚となる。つまりこの事例のステップ解釈は，統制（とストレス耐性）のクラスターから始め，このクラスター内の変数について検討し，ついで上記の順にすべてのクラスターとその内部の変数について吟味していく。解釈にあたっては，検討するクラスターについて，これまで述べてきたクラスターの章を参考にし，パーソナリティのどの側面を理解しようとするのかを意識しながら，変数の意味を検討する。なお変数によっては，他のクラスターで説明している変数があるので，変数の解釈仮説が見あたらない時は，巻末の索引によって該当する変数の箇所を参照されたい。

　ただし，本章では，初学者がステップ解釈に慣れるように，表12－5の「ステップ解釈のための期待値との比較表」のアステリスクのついた変数を主

2．クラスターの検討

2-1．統制とストレス耐性

　Adj D は，おかれた状況からのストレスに関係なく，本来クライエントがもつ資質と統制力を表す変数である。EA が期待値の時，Adj D ＝－1 の値は，内外からの刺激や要求が強すぎてストレスが続いた状態の人に多く，構造化され決まりきった環境では適切に行動できても，状況が変わりストレスが強くなると混乱しやすい脆弱性を示す可能性がある。彼の CD1 ＝ 2 や EA ＝ 6.0 は期待値の範囲内にあり，彼は一応，通常の資質を有しているが，統制力にやや問題があり，状況が変わると混乱した心理状態になりやすいと考えられる。L の値は 0.64 であり，問題として取り上げる必要はない。このクラスターの中でとくに注目される変数は，アステリスクのついた eb ＝ 3：6 であり，右辺の値が左辺の2倍と高いことである。このことから彼が現在，精神的苦痛や不快な感情を伴うストレスを経験していて，憂うつ・無力感などの否定的感情や身体の不調を示していることが推測できる。そして eb の左辺の FM と m はいずれも期待値にあって，特別の意味はないが，右辺の変数でアステリスクのつく SumY ＝ 1 は自分で統制できない状況にあるという無力感を，多すぎる SumC' ＝ 4 は彼が感情を抑制していることを示し，SumT ＝ 1 に彼が他者との親密な関係を求めている可能性を推察できる。

　このクラスターから推測できるのは，クライエントが通常の構造化された状況では適切に行動できても，状況が変わると混乱しやすい脆弱性をもつこと，現在かなりのストレスを経験し，自分の力で処理できないと感じ，憂うつ・無力感など否定的な感情を抱き，自分の感情を強く抑制していることである。

2-2．思考

　EB は 4：2.0 の内向型であり，彼は「考える人」であり，課題に直面すると，感情によって試行錯誤的に行動するよりも，自分なりに考える方であろう。eb のアステリスクの意味については既述の通りであり，このクラスターで注目されるのは，アステリスクのついた MOR ＝ 2 と Ma：Mp ＝ 1：3 である。MOR は彼が「自分はだめだ」という否定的な自己知覚をしていて，「物事はうまくいかない」という悲観的な思考をしていることを示している。さらに

Ma ＜ Mp は，不快なことを処理する場合，どうかすると現実を否定して空想に逃避し，他者に依存しやすい傾向を表している。さらに4個のMの形態水準を見ると，M−＝2から，彼は現実離れをした思考にはしり，他者の動機などを正確に理解できないようである。なおM反応の質については投影という見地から，自己知覚のクラスターにおいて検討する。しかしSum6（6つの重要な特殊スコア）＝0であり，空想にはしりやすい彼ではあるが，思考の歪みはなく，歪んだ判断をしてはいない。

　思考クラスターから見て，彼は問題を感情によって直観的に処理しないで，考えてから行動する人であるが，困難な状況ではやや現実離れをした空想に逃避しやすい。現在の彼は悲観的な考え方に支配され，否定的な自己イメージを抱いており，他者に依存的になり，他者の援助を期待しているようである。

2-3. 情報処理

　新しい情報（刺激）に注意を向け，組織化する方法については，アステリスクのついたW：D：Dd＝9：10：4が示すように，彼は抽象的なものよりも，日常の具体的な出来事や，些細なことにとらわれがちであろう。そしてZd＝−12.0は，情報の取り入れにあたり不注意のために，関連した情報を見落としやすいと考えられる。またPSVにアステリスクがついているのは，情報を取り入れる態度に可塑性がなく，外界の変化に応じて態度を変えにくい固執性を表している。なお領域の系列（アプローチ）にも固執傾向が見られたり，プロトコルを読む時，コードとしてPSVがつかない反応であっても，きわめて類似した反応内容を繰り返しており，外界からの情報（刺激）取り入れにあたり，態度を適切に変えにくいことが注目される。

　情報の取り入れにあたり，彼は全体を分析・総合するよりも，「木を見て森を見ない」ように，容易にとらえられる身近で明白な情報に注意を向けたり，些細なことにこだわり，異なる見地から情報を処理する可塑性に欠けている。

2-4. 認知的媒介

　P＝7やC＝1は，明確な状況では，彼が常識的・慣習的な行動をとれることを示し，X+％＝0.78から彼が現実検討力をもっていると推測できる。しかしアステリスクのついたX−％＝0.13とFQx−＝3とS−＝2は，彼の現実検討力がやや低下していて，不適切な判断をしやすく，怒りや恨みの感情を抱

いているようであり，現在，心理機能がやや低下していると思われる。

このクラスターからは，通常，彼は外界を現実的に眺め，慣習的に行動するが，ストレスへの脆弱性のために，何かの契機で現実検討力を失いやすいことが分かる。彼は，現在，怒りの感情によって心理機能が低下し，やや客観的判断力を失っていると推測される。

2-5. 感情

アステリスクのついた変数を見ると，統制とストレス耐性のクラスターの変数で取り上げたように，彼はストレスによって精神的苦痛や不快感を感じ，感情が動揺している。このクラスターでとくに問題になるのは，C' ＝ 4 と SumC'：WSumC ＝ 4：2.0 であり，彼はもともと感情を抑制する人で，不快感や焦燥感を適切に表現できず，これを抑制しているために，緊張や不安が強まり，無力感とともに抑うつ的になったり，身体の不調を感じている可能性がある。さらに FC：CF ＝ 0：2 と CF.YF の色彩・濃淡反応ブレンドが示すように，彼は自分の感情を調節できずに不安定な状態にあり，他者や出来事に対して一定の感情をもてずに感情が混乱し，自信を失った状態にあると考えられる。

感情のクラスターから見て，彼はストレスから生じたと思われる無力感などの否定的感情の存在を適切に表現できず，これを抑制しているために，感情がいちじるしく不安定になり混乱していて，抑うつ気分が強く，悲観的になり，自己不確実な状態にあると推測される。

2-6. 自己知覚

彼は自分に否定的なイメージを抱いているが，この否定的な自己評価は，H：(H)+Hd+(Hd) ＝ 2：2 が示すように，これまでの彼の現実の社会的相互作用によって形成されているらしい。彼の4つの人間反応を見ると，女性と女の子であり，4つの中の3つは消極的運動反応を伴い，彼は自分を明確に男性に同一化していないようである。

「投影された内容の検討」としてマイナス反応から眺めると，3個のマイナス反応が見られる。すなわち6反応の「パンダ」，15反応の「女性の顔」，19反応の「女の子が泣いているみたい」であり，「女性の顔」も質問段階では「目を押さえて泣いています」と答えている。この中の15反応と19反応は M

でもあり，投影度の強い反応と考えられ，彼は自分を活動的な男性よりも消極的な女性に同一化している（ただし，これが家族の特定の女性を投影している可能性もあり，より妥当性のある推測のためには，つねに，目隠し分析のみではなく，生活史や他の情報と関連づけることが必要である）。さらに「パンダ」は，他者に注目され愛されたいという依存性を示すとも考えられ，彼はストレスによって退行し，年齢よりも未成熟な精神状態にあるのかもしれない。MOR については既に検討したように，彼は「私は目を押さえて泣いている」無力な人間だと，否定的な自己像をもち，他者からの援助を求めていると思われる。

M については 15 反応と 19 反応以外に 5 反応と 14 反応にも M が知覚され，「女性 2 人が向き合っている」「女の子 2 人が遊んでいる」と答えている。Ⅲ図とⅦ図は女性と知覚されやすいが，彼がどの図版にも「人間」や「男性」を答えず，活動的あるいは男性的な内容が見られないことから，彼は自分を積極性のある男性とは見ていないようである。FM は 3 反応「イヌが 2 匹（コイヌが 2 匹じゃれあっています）」と 4 反応「クマが 2 匹（じゃれあって楽しく遊んでいる感じ）」と 7 反応「魚が 2 匹泳いでいる」である。彼はⅡ図を「人間 2 人」と見ないで「コイヌ」と「クマ」を答え，どちらも「じゃれあっている」と答える（とくにクマについても楽しく遊んでいると答える）のは，成熟した人間関係よりも他者とは争いを避け協調的に楽しい関係をもちたいと望んでいるのであろう。

言語修飾や潤色がいちじるしい反応はとくには目立たないが，8 反応「なめし皮」を，質問段階で「トラかライオンが押しつぶされた感じ」と答えている。男性像や権威像を表しやすいⅣ図に「トラ」「ライオン」という権威像を見て，「それが押しつぶされた皮」と答えるのは，自分が男性的・権威的な存在になることを否定していたり，外界の権威像への反抗を示すのかもしれない。また 9 反応「鳥」とⅤ図 10 反応「コウモリ」について「黒色から，暗い陰うつなイメージ」を連想しているのは，外界への恐れと彼自身の無力感と抑うつ気分を投影しているとも考えられる。

なおロールシャッハ・テストではⅠ図の最初の反応とⅩ図最後の反応に，被検者が無意識のうちに，自分の姿をまとめて表すことがある。彼はⅠ図に「コウモリ」「鳥」と答えているので，彼が新しい状況に対し，多くの人のように慣習的に思考し行動しようとすることが考えられる。さらに過度に推測すれば，

彼は問題の処理にあたり視点を変える可塑性に乏しいことや，現在やや暗い気分になっているともいえる。そして最後の23反応を「お面」で終えているが，これは彼が感情表現を抑え，本当の自分を他者に示さないことや，他者に距離をおき直接的な接触を避けようとすることや，現在の彼の離人症的状態を示すのかもしれない。

自己知覚のクラスターでは，彼が自分は無力で他者の援助が必要だという自己イメージを，これまでの人間関係から形成したと推測できる。彼は年齢よりも精神的に未成熟な「心やさしい男性」であり，自分を年齢相応の責任を遂行し権威をもつ男性としてよりも，受動的・依存的な女性や子どもに同一化している。しかし通常，彼はこの状態を表に示さないようにつとめ，葛藤が生じているのであろう。

2-7. 対人知覚

彼が愛情欲求によって他者と親密な関係をもち，それを維持しようとしていることは，SumT＝1やCOP＝2などから推測される。Hの数値は，彼が他者への関心を普通に抱き，Isol Index＝0.09も彼が社会から孤立していないことを示すし，GHR：PHR＝4：2は彼が他者に肯定的な興味をもち，他者からよい評価を受けていると推測できる。またCOP＝2，AG＝0のように，彼は対人関係を基本的に協力的なものと見ている。ペアのMとFMについては自己知覚のクラスターで検討したが，彼は成熟した対人関係よりも，子どもっぽい責任のない人間関係を望んでいるようである。

このクラスターによると，彼は対人関係で孤立することなく，他者と親密で協力的な関係を求め，それを維持しているが，責任を伴わない人間関係を好むと思われる。

3．解釈のまとめ

3-1．解釈の要約

各クラスターで述べたことと重複するが，全体としてこのクライエントのパーソナリティをまとめると次のようになろう。

クライエントはこれまでも多くのストレスを体験してきたようであり，ストレスへの脆弱性が見られる。彼は構造化された通常の生活場面では，適切に行動できるが，困難な状況におかれると，思考や感情が混乱しやすい。現在，問

題を自力で処理できないと感じ，憂うつ・無力感などの否定的な感情に支配されながら，その感情を抑制しているようであり，全体としての心理機能が低下している。この状態は精神病や境界例の圏内よりも神経症圏にあると考えられる。

彼は情報を分析・総合して全体的に判断するよりも，容易にとらえられる身近で明白なことに注意を向けがちで，些細なことにこだわりやすい。日常生活での彼は，外界を現実的に眺め，慣習的な行動をとっているが，視点を変えたり態度を変える可塑性に欠けている。彼に思考の歪みは認められないが，現在，悲観的な考えが強く，自分に怒りを向けていて，客観的な判断力をやや失っているようである。なお困難な状況では，現実離れをした空想的な考えに逃避する傾向がある。

彼はこれまでの人間関係によって，自分は無力だという自己否定的なイメージを抱き，年齢相応の責任を遂行し，権威をもつ男性としてよりも，受動的・依存的な女性や子どもに自分を同一化している。さらに，他者に注目されたいと望みながら，積極的に行動することなく，誰かが自分を援助してくれるだろうとの期待を抱くようである。他者から愛され注目されたいとの欲求をもつ彼は，対人関係で孤立することなく，他者と親密で協力的な関係を形成できるし，それを維持しようと望んでいる。

ストレスへの脆弱性のある彼は，現在，困難な状況に対処できず，心理的緊張が高まっている。悲観的な考えにとらわれているが，現実検討力など思考面の問題は認められない。しかし無力感が高まり，憂うつな感情や劣等感にとらわれ，自己への怒りの感情をもつなど焦燥感が強まり，自信を失った状態にある。しかも彼は動揺している感情と否定的な自己知覚の表現を抑制しすぎている点が問題となっている。

彼への治療目標は，明白に気づいていない自分のパーソナリティを認識させることにあるが，さしあたっては，彼が抑制している感情を適切に表出・浄化するような心理学的援助が必要であり，予後には期待がもてると考えられる。

この解釈は，初学者が包括システムのステップ解釈の進め方を理解し，最小限の情報を得られるように，われわれの作成した「ステップ解釈のための期待値との比較表」を用い，期待値から逸脱した変数と，自己知覚クラスター内の「投影された内容の検討」の変数を中心に行った解釈である。包括システムで

は，ロールシャッハ・テストを一定の方法で実施し，規定された方法でコード化を行えば，誰もが最小限の情報として，同じような解釈仮説が得られるはずである。異なる検査者が同じプロトコル（記録）から推測したパーソナリティの仮説に大きな差異が見られる時は，異なる仮説にいたった変数のコード化や変数の解釈などの相違点を検討し，比較照合することが容易であり，このテストをより客観的に用いることが可能になる。

なおロールシャッハ・テストの解釈のまとめと，それに基づく報告書は，テストを実施する目的によって異なる。すなわち他の心理テストで得られないパーソナリティ特徴の情報を得ようとするのか，鑑別診断の補助とするのか，クライエントに適した心理学的援助の方法を選ぶのか，現在の症状の変化の可能性を検討するのか，心理学的援助の過程で生じそうな事柄を予測するのか，心理学的援助の結果のパーソナリティの変化を査定するのかなど，実施（依頼）目的によって，テストの結果のまとめ方や表現（記述）の仕方は異なる。この事例でも，ここに述べた解釈結果を，クライエントの実際の生活史や他の情報と関連づけて解釈することで，処遇に役立つ具体的な表現として記述できるであろう。

3-2. 解釈への補遺

これまでロールシャッハ・テストの十分な解釈には豊かな臨床経験が必要といわれてきたが，包括システムの場合も同じである。ロールシャッハ・テストの変数を相互に関連させ，質的検討を行い，生活史など他の情報との関連から総合的に解釈する場合，熟練した検査者とそうでない検査者の間に相違が生じるのは当然である。しかし上記の事例の解釈のように初学者であっても，臨床場面で用いられる最小限の解釈が比較的容易に行えることは，包括システムが他のシステムよりも優れた点といえる。

改めていうまでもなく，ロールシャッハ・テストの解釈法としては，特定の理論に基づく解釈や，ステップ解釈で取り上げられなかった手がかりに基づく解釈も可能であり，上記の解釈例が，このプロトコルから得られるすべてではない。長年にわたりロールシャッハ・テストを行ってきたわれわれは，ステップ解釈の変数以外の手がかりによる解釈もできるだけ取り入れるべきだと考えてはいる。ただしこれらの手がかりは，実証的根拠が十分でないことが多いので，最終的解釈としては控え目に取り入れるべきであろう。

次に重複するところもあるが，上記のステップ解釈で取り上げなかった手がかりによる推測のいくつかを簡単に例示したい。繰り返すが以下のような解釈は仮の推測であり，これからクライエントのパーソナリティについて述べる時は，上記のステップ解釈の枠組みや他の変数や情報と関連づけて，最終の解釈としては控え目に行うことを忘れてはならない。

① 上記事例の解釈では行わなかったが，ステップ解釈で量的変数を取り扱う時，その質的側面を検討するために，必要に応じて逐語的記録を読み直したり，内容の検討を行わねばならない。例えば C'の変数を取り上げる時，反応内容を見ると，彼は I 図 P の「コウモリ」で「黒くて暗い」と述べ，V 図でも「黒くて暗い感じ」といって「吸血コウモリ」を連想している。これから I 図でも彼は「吸血コウモリ」を知覚しながら，それを抑制している可能性がある。さらに IV 図の「鳥」を「陰うつな暗いイメージ」といっており，これは定義上 MOR とならないが，それに近く，これらのことから，彼は現在，外界を自分に危害を加える存在と見て，憂うつな気分になりながら，この感情を抑制していると推測もできる。

② 情報処理のクラスターで述べたが，PSV とコードされない反応でも，彼は類似した反応を答えている。すなわち I 図で「鳥」を「コウモリとだいたい同じです」と答え，IV 図の「鳥」を「さっきのコウモリに似ているけど」と答え，VIII 図と IX 図は「花」から答えるように，彼は思いこみが強くて，可塑性のある行動をとれないようである。このことは PSV に関連し，彼が物事にこだわり，固執的な行動特徴を有する仮説を強めている。

③ 「顔」を直接述べた反応は，VII 図 15 反応の「女性の顔」と IX 図「女の子の泣いている（顔）」であるが，反応の説明において「顔」への言及が多く，彼は他者の存在を意識し，自分が他者にどのように見られているかを気遣っているとも考えられる。X 図でも「ウマの顔」を最初に述べ，最後に顔を隠す「お面」で終えているように，自分と他者の関係が彼にとって重要な課題かもしれない。

④ 色彩反応は VIII 図と IX 図の「花」の反応であり，明確に形態を述べないので CF とコードしたが，VIII 図 19 反応「緑の部分が髪の毛」，IX 図 20 反応「黄色の部分が目で，茶色の部分が鼻」と，色彩をロケーターとして使ったり，既述のように II 図・III 図で色彩を回避して答えていることなどから，感情を適切に統制できず，動揺しやすいので，通常は感情表出を回避しよ

うとするのかもしれない。

⑤始発反応時間と図版の性質との関係に注目し，パーソナリティ特徴を推測することも可能である。例えばⅠ図に比べてⅡ図の反応時間の遅延は，彼が赤色を適切に処理できないことを示すと思われる。そして通常答えられるWの「人間2人」ではなく，赤色部分を除いたD6に「コイヌ2匹」と答えたのは，彼が感情的刺激を回避し，感情が動揺すると，心の安定を失い，成人としての対人関係をもてず，退行の機制をとりやすいと考えられる。

けれども彼は感情が動揺しても，混乱が持続しないで，容易に安定し回復できることは，Ⅲ図の始発反応時間が早くなり，余裕をもって図版を回転し，多くの人が答える「人間2人」を答えることに見られる。しかし，わざわざ「女性2人」を意味づけているのは，彼が男性よりも女性に心の安らぎを得られるともいえよう。

Ⅳ図は権威像を連想させやすい図版であり，彼の始発反応時間はやや遅れ，「トラかライオン」と強い動物を見ているが，それを「押しつぶされた」と答えることで，権威や男性性を否定しているようである。これは彼が自分の男性性に自信を失っているのか，権威像一般への敵意を示すのかもしれない。この動揺した心理状態は，次の9反応「鳥」の黒色に続き，「陰うつな暗いイメージ」と答え，自己の無力感や抑うつ気分を述べているようである。なおⅢ図で図版を回転してからは，以後のすべての図版を一応回転して答えており，行動の固執性や慎重さを示すのかもしれない。

しかし答えやすいⅤ図では，始発反応時間がⅠ図についで早く，「コウモリ」という平凡反応を答えており，やはり彼が心の動揺を回復しやすく，通常の状況では慣習的な行動をとれることを示している。ただⅤ図で，Ⅳ図でのショックを回復したといっても，質問段階で「吸血イメージで暗い陰湿なコウモリ」と述べ，彼が何かのストレスに直面した場合，感情的に動揺しても容易に回復するが，潜在的には不安定な気分が続いている可能性がある。次の「チョウチョ」で完全に安定し，そして「スマートなグライダーが飛びそう」という反応は，彼が自分の回復力や将来への期待をもつことを示しており，これは彼への今後の働きかけに役立つかもしれない。

最も始発時間が遅延したのはⅥ図であり，この図版の回転は他の図版よ

りもいちじるしく多く，反応内容は1個であり，過度に推測すれば男性性への彼の無意識の葛藤を示すとも考えられる。

Ⅶ図は「人間2人」が知覚されやすい図版であり，Ⅱ図と異なり色彩がないためか，彼の始発反応時間はⅠ図・Ⅴ図についで早い。Ⅶ図の「人間」は「女性」のことが多く，これまでと同じように女性への親和性を示している。しかし15反応の「女性の顔」はマイナス反応であり，自己知覚のクラスターの投影で見たように，無力な人間だという自己像に関連するようである（過度に推測すると，自分を援助を求める女性に同一化しているのかもしれない）。

Ⅷ図の全色彩図版の始発反応時間は，初めて色彩刺激に直面したⅡ図と異なり，それほど遅延しておらず，ストレスに対する彼の順応性を表すのかもしれない。しかしDの「ネコ2匹」を最初に答えないで，色彩・濃淡ブレンドのWの「花」を答えることは，Ⅴ図の「コウモリ」の場合と同じように，表面的に安定しているようだが，明らかに感情が動揺していると推測できる。

Ⅸ図は意味づけの困難な図版であるが，始発反応時間は再び遅延し，Ⅵ図同様に図版をたびたび回転している。そして困難な場合にも，過去に成功した行動をとる固執性が出現し，「花」と答え，さらに再び「女の子が泣いている」と述べている。この反応内容は彼の自己知覚に関連すると推測したが，既述のように彼の家族関係や生活史との関連で，特別の意味があるのかもしれない。また包括システムによる解釈では，再テストのことを考慮し，原則として行わないが，限界吟味段階の質問として「女の子」についての連想を話させることも一つの方法である。

Ⅹ図はⅥ図についで始発反応時間が遅れた図版であり，回転がいちじるしく，全色彩や統合しにくい図版の性質が彼にストレスとなっている。彼は色彩に注目しながらも，色彩を反応に統合できず，色彩回避の形で感情に介入することを避けている。また最初に「人の顔」ではなく「ウマの顔」と答えるのは，他者を意識しながらも，人間として関与したくないのかもしれず，この他者と距離をおくことは既述のように最後の「お面」にも示されている。さらに自分の姿を隠す「お面」の前の反応が「塔。東京タワーとかエッフェル塔みたいなもの」という建造物（Idとコードされ，Archとコードする研究者もいる）の内容は，男性的興味や男性的衝動を

示すことが多いといわれ，彼が男性的衝動を「お面」の下に隠していると過度の推測もできよう。なおフィリップスとスミス（Phillips, L. & Smith, J., 1953）によると「Arch（建造物）は力強く成功した父親に自己を同一化しようとしながら，父親の優越性を認め，父親とは争うことができないと感じ，不当な劣等感や不全感をもつ被検者が多い」と述べているが，実証性に問題があるものの，この仮説を参考にすることもできよう。

ロールシャッハ・テストの記録には，さまざまな情報が含まれていることが多いので，期待値から逸脱していない変数でも，その数値と内容を考慮し，すべての変数を量的・質的に検討し，変数間の相互関係を明らかにすることで構造分析をより精緻に行える。また問題点だけに焦点をあてるのではなく，クライエントの長所や肯定的な側面を取り上げることが大切である。

さらに逐語的に記録されたプロトコルをよく読み，投影された内容を十分に検討するなど，さまざまな方法を用いることで，クライエントについて，より多くの情報を得ることができる。これはロールシャッハ・テストでの臨床経験を積み，熟練度を高めることで得られるアート的解釈の側面であり，心理臨床においてこのテストを有効に用いるには，サイエンス的アプローチとアート的アプローチを統合することで，ロールシャッハ・テストをより有効に用いることができよう。

参考文献

Abel, T. (1973) Psychological testing in cultural contexts. N.Y.: College & University Press Services. 高橋雅春・空井健三・上芝功博・野口正成共訳 (1980) 文化と心理テスト. サイエンス社.

Beck, S. (1945) Rorschach's test Ⅱ. A variety of personality pictures. N.Y.: Grune & Stratton.

Beck, S. (1949) Rorschach's test (2nd ed.) Ⅰ. Basic processes. N.Y.: Grune & Stratton.

Beck, S. (1952) Rorschach's test Ⅲ. Advances in interpretation. N.Y.: Grune & Stratton.

Beck, S. (1960) The Rorschach experiment : Ventures in blind diagnosis. N.Y.: Grune & Stratton.

Brown, F. (1953) An exploratory study of dynamic factors in the content of the Rorschach protocol. Journal of Projective Techniques, 17, 251-279.

DeVos, G. (1952) A quantitative approach to affective symbolism in Rorschach responses. Journal of Projective Techniques, 16, 133-150.

Elizur, A. (1949) Content analysis of the Rorschach with regard to anxiety and hostility. Rorschach Research Exchange & Journal of Projective Techniques, 13, 247-287.

Exner, J. (1986) The Rorschach : A comprehensive system Vol.1 (2nd ed.) N.J.: John Wiley & Sons. 高橋雅春・高橋依子・田中富士夫監訳 (1991) 現代ロールシャッハ・テスト体系 (上) 秋谷たつ子・空井健三・小川俊樹監訳 (1991) 現代ロールシャッハ・テスト体系 (下) 金剛出版.

Exner, J. (1991) The Rorschach : A comprehensive system Vol.2 (2nd ed.) N.J.: John Wiley & Sons.

Exner, J. (1995) Rorschach form quality pocket guide. N.C.: Rorschach Workshops. 中村紀子・津川律子・店網永美子・丸山香訳 (2002) ロールシャッハ形態水準ポケットガイド (改訂版 第3刷) エクスナージャパン・アソシエイツ.

Exner, J. (2000) A Primer for Rorschach interpretation. N.C.: Rorschach Workshops. 中村紀子・野田昌道監訳 (2002) ロールシャッハの解釈. 金剛出版.

Exner, J. (2001) A Rorschach workbook for the comprehensive system (5th ed.) N.C.: Rorschach Workshops. 中村紀子・西尾博行・津川律子監訳 (2003) ロールシャッハ・テスト ワークブック (第5版) 金剛出版.

Exner, J. (2003) The Rorschach : A comprehensive system Vol.1 (4th ed.) N.J.: John Wiley.

Exner, J. & Erdberg, P. (2005) The Rorschach : A comprehensive system : Vol.2 Advanced interpretation (3rd ed.) N.J. : John Wiley.

包括システムによる日本ロールシャッハ学会編 (2005) ロールシャッハとエクスナー. 金剛出版

藤岡淳子・中村紀子・佐藤豊・木村尚代 (1995) エクスナー法によるロールシャッハ解釈の実際. 金剛出版

Fowler, J., Piers, C., Hilsenroth, M., Holdwick, J., & Padawer, I. (2001) The Rorschach suicide constellation ; Assessing various degrees of lethality. Journal of Personality Assessment, 76, 333-351.

Gacono, C. & Meloy, J. (1994) The Rorschach assessment of aggressive and psychopathic personalities. N.J. : Lawrence Erlbaum.

Hartmann, E. (2001) Rorshach administration : A comparaison of the effect of two instructions. Journal of Personality Assessment, 76, 461-471.

Herz, M. (1948) Suicidal configurations in Rorschach records. Rorschach Research Exchange & Journal of Projective Technique, 12, 3-58.

北村依子 (1976) 動物概念の意味の分析 (1). 嵯峨美術短期大学紀要, 2, 100-106.

北村依子・西尾博行 (1979) ロールシャッハ・テストにおける動物反応のクラスター分析. ロールシャッハ研究, 21, 69-82.

Klopfer, B. et al. (1954) Developments in the Rorschach technique. Ⅰ. Technique and theory. N.Y. : World Book.

久保松喜信 (1961) 独居拘禁の人格に与える影響について. ロールシャッハ研究, 4, 28-39.

Lerner, P. (1998) Psychoanalytic perspectives on the Rorschach. N.J. : Analytic Press. 溝口純二・菊池道子監訳 (2002) ロールシャッハ法と精神分析的視点 (上) (下) 金剛出版

Lindner, R. (1950) The Content analysis of the Rorschach protocol. In Abt, L., & Bellak, L. (ed.) Projective psychology. N.Y. ; Grove.

Meloy, R., Acklin, M., Gacono, C., Murray, J. & Peterson, C. (1997) Contemporary Rorschach interpretation. N.J. : Lawrence Erlbaum.

西尾博行・高橋依子 (1998) 包括システムにおける健常成人の領域アプローチ. 包括システムによる日本ロールシャッハ学会誌, 2, 69-73.

Phillips, L., & Smith, J. (1953) Rorschach interpretation : Advanced techniques. N.Y. : Grune.

Piotrowski, Z. (1957) Perceptanalysis. N.Y. : Macmillan. 上芝功博訳 (1980) 知覚分析. 新曜社.

Rapaport, D., Gill, M., & Schafer, R. (1946) Diagnostic psychological testing. Ⅱ. Chicago : Year Book.

Rapaport, D., Gill, M., & Schafer, R. (1968) Diagnostic psychological testing (revised ed.) N.Y. : International University Press.

Rorschach, H. (1921) Psychodiagnostik : Methodik und Ergebnisse eines Wahrnehmungs-Diagnosischen Experiments. Bern : Hans Huber. 鈴木睦夫訳 (1998) 精神診断学. 金子書房.

Rose, T., Kaser-Boyd ,N., & Maloney, M. (2001) Essentials of Rorschach assessment. N.J.: John Wiley. 小川俊樹監訳 (2005) 基本からのロールシャッハ法. 金子書房.

Schafer, R. (1954) Psychoanalytic interpretation in Rorschach testing. N.Y.: Grune.

Storment, G., & Finney, B. (1953) Projection and behavior. Journal of Projective Technique, 17, 349-360.

高橋雅春 (1969) 殺人少年のロールシャッハ反応. 犯罪心理学研究, 6(2), 67-70.

高橋雅春 (1977) ロールシャッハ・テストにおける(H)の細分類. 関西大学社会学部紀要, 9(2), 99-104.

高橋雅春・北村依子 (1981) ロールシャッハ診断法Ⅰ・Ⅱ. サイエンス社.

高橋雅春・西尾博行 (1994) 包括的システムによるロールシャッハ・テスト入門—基礎編. サイエンス社.

高橋雅春・高橋依子・西尾博行 (1998) 包括システムによるロールシャッハ解釈入門. 金剛出版

高橋雅春・高橋依子・西尾博行 (2002) ロールシャッハ形態水準表：包括システムのわが国への適用. 金剛出版.

高橋雅春・高橋依子・西尾博行 (2006) ロールシャッハ・テスト実施法. 金剛出版.

高橋依子 (2000) 包括システムによるロールシャッハ・テストの特殊スコアの検討. 包括システムによる日本ロールシャッハ学会誌, 4(1), 50-73.

高橋依子 (2003) 日米間で共通したロールシャッハ反応内容. 甲子園大学紀要 人間文化学部編, 7, 63-99.

高橋依子・西尾博行 (1995) ロールシャッハ・テスト図版の特色—第1反応について. 嵯峨美術短期大学紀要, 21, 33-49.

高橋依子・西尾博行 (1996) 包括システムによる体験型. 心理臨床学研究, 14(3), 335-342.

Viglione, D. (2002) Rorschach coding solutions. Cal. : Donald Viglione.

Weiner, I. (1997) Current Status of the Rorschach inkblot method. Journal of Personality Assessment, 68, 5-19.

Weiner, I. (2003) Principles of Rorschach interpretation (2nd ed.) N.J. : Lawrence Erlbaum. 秋谷たつ子・秋本倫子訳 (2005) ロールシャッハ解釈の諸原則 (1998年版) みすず書房.

Wilson, S. (1994) Interpretive guide to the comprehensive Rorschach system. (5th revision) Cal. : Stuart Wilson PhD.

Wolf. I. (1957) Hostile acting out and Rorschach test content. Journal of Projective Technique, 21, 414-419.

事項・人名索引

[あ]

アート 14, 16, 131, 145, 193
秋谷たつ子 194, 196
秋本倫子 196
アベル 194
衣服反応(Cg) 167
Ⅰ図 134
一般部分反応(D) **101-102**, 109
意味微分法 139, 153
イライザー 145, 194
ウイルソン 63, 71, 76, 79, 96, 100, 103, 196
上芝功博 194, 195
ウォルフ 159, 196
エクスナー 3, 13, 14, 29, 33, 35, 37, 38, 39, 40, 42, 43, 44, 46, 47, 56, 57, 58, 59, 60, 70, 76, 79, 81, 82, 88, 93, 95, 96, 97, 98, 100, 105, 107, 108, 111, 112, 114, 115, 118, 119, 129, 136, 167, 194, 195
エクスナーとエルドバーグ 15, 23, 31, 34, 36, 49, 51, 55, 74, 75, 77, 80, 86, 89, 91, 143
エックス線反応(Xy) 79-80, 161
小川俊樹 194, 196
重みづけた6つの重要な特殊スコア 121-123
重みづけた色彩反応(WSumC) 47-48

[か]

音楽反応(Mu) 167
外拡型 37
回避型 36
解剖反応(An) **79-80**, 110, **159-160**
科学反応(Sc) 166
鍵変数 18, 19
拡散反応(Y) **46-47**, 57, 69
ガコーノ 53, 75, 95, 195
家財道具反応(Hh) 167
仮面反応(Ma) 168
感情 **16, 17, 33**
感情比率(Afr) 48
菊池道子 195
記述統計量 24-26
稀少形態反応(Xu) 115-116
基礎資料 21
基礎体験(eb) **43**, 63-64, 119, 183
期待値 23, 170-171, 180-181
北村依子 134, 144, 153, 195
木村尚代 195
Ⅸ図 141
共通反応(C) 113, 184
強迫的様式指標(OBS) **73-74**, 98, 108, 118
共貧型 41
協力的運動(COP) **94-96**, 133, 137, 187
拒否 134, 136
空白反応(S) **54-56**, 103,

105, 112, 146
久保松喜信 65, 195
雲反応(Cl) 163
クラスター 14, 16, 17, 21, 33
クロッパー 3, 13, 14, 44, 45, 46, 102, 127, 128, 130, 149, 195
警戒心過剰指標(HVI) **75**, 87, 98, 118
継起分析 127
芸術反応(Art) **49-50**, 165
形態色彩反応(FC) **51, 53-54,** 142
形態水準(FQ) 100, **110**
形態水準表 115
形態立体反応(FD) **78-79**, 112
系列 18
系列分析 3, 14, **127**, 132, 136
血液反応(Bl) **160-161**, 165
言語修飾 **86**, 130, 135, 146
現実検討力 99
現実体験(EA) 35, 36, **61-62**, 183
現象学的接近法 13, 127
攻撃的運動(AG) **94-96**, 133, 137
構造一覧表 14, 17, 179
構造分析 14, 128, 129, 130
固執反応(PSV) **105**, 184, 190

個人的内容(PER)　**96**, 133
V図　140
個性記述的内容反応(Id)
　168
孤立指標(ISOL)　**97**, 162
混交(CONTAM)　121,
　122, **124**

[さ]

サイエンス　3, 14, 16, 131,
　193
サイコグラム　14
材質反応(T)　**44-46**, 69,
　187
差異(D)スコア　67-68,
　70-71
サイン・アウト　142
サイン・イン　135
作話的結合(FABCOM)
　106, 121, 122, **124**
佐藤豊　195
36変数の頻度　27
Ⅲ図　137
シェーファー　144, 146,
　195, 196
自我同調的　7
色彩形態反応(CF)　**51, 53**,
　142
色彩投影(CP)　50
色彩濃淡ブレンド　57
色彩名反応(Cn)　54
刺激体験(es)　61, **63**
思考　16, 17, **117**
自己知覚　16, 17, **73**
自己中心性指標(EGI)
　76-78
自殺の可能性指標(S-
　CON)　**31-32**, 182
自然反応(Na)　164
質的アプローチ　3
質的分析　129

始発反応時間　134, 146
社会的技能　35
収縮両向型　36, **42**
X図　142
修正刺激体験(Adj es)　63
修正D(Adj D)スコア　**59-
　61**, 68, 183
周辺的思考　65, 117
潤色　86
純粋色彩反応(C)　51, **52-
　53**
状況関連ストレス　17
消極的運動反応(p)　87-
　89, 118
消極的人間運動反応(Mp)
　121
象徴的意味　145
情報処理　16, 17, **98**
植物反応(Bt)　162
食物反応(Fd)　89-90, 166
身体化　43
人類学的反応(Ay)　50, 165
鈴木睦夫　196
ステップ　21, 33, 129
ステップ解釈　14, 15, **28**,
　169
ストーメンとフィニー
　159, 196
ストレス　67
性図版　140
性反応(Sx)　147, **161**
積極的運動反応(a)　87-89,
　118
積極的人間運動反応(Ma)
　120
全色彩反応　52
全体適切形態反応(XA)
　108-109
全体反応(W)　98, **100-101**,
　103, 138
想像された人間全体反応

[(H)]　**81-82**, 91, **92**, **148**,
　151
想像された人間部分反応
　[(Hd)]　**81-82**, 91, **92**, 151
組織化活動反応数(Zf)　99
組織化活動反応値(Zd)
　104-105
空井健三　194
損傷内容(MOR)　**80-81**,
　83, 84, **85**, **119**, **132-133**,
　139, 183

[た]

体験型(EB)　**35-39**, **62**, 98,
　117, 183
体験型固定度(EBPer)
　36, **41-42**, 118
対処力不全指標(CDI)
　33-35, 87, 183
対人知覚　16, 17, **87**
高橋雅春　21, 39, 112, 133,
　144, 150, 160, 194, 196
高橋依子　21, 38, 39, 103,
　112, 133, 194, 195, 196
店網永美子　194
田中富士夫　194
WとDにおける適切形態
　反応(WDA)　109
知覚と思考の指標(PTI)
　99
知性化指標(Inetellect)
　48-49, 121
父親図版　139
抽象反応(AB)　**49**, 164
超外拡型　42
超内向型　41
地理反応(Ge)　163
津川律子　194
デボス　145, 194
展望反応(V)　**46**, 69, 78,
　79, 110

索引　199

投影された内容　82-84
統合失調症指標（SCZI）
　99
同質性　111-112
統制とストレス耐性　**16**,
　17, **59**
動物運動反応（FM）　**64-
　65**, **85-86**, 97, 112, 119,
　186
動物反応（A）　147, **152-159**
特異な答え方（SD）　124
特殊指標　31, 33
特殊部分反応（Dd）　**100-
　102**, 103, 111, 146
取り込み過剰　105
取り込み不足　104

[な]

内向型　36-37
内容分析　14, 15, 127, **143**
中村紀子　194, 195
Ⅶ図　141
西尾博行　21, 38, 39, 103,
　112, 133, 153, 194, 195,
　196
Ⅱ図　136
人間運動反応（M）　35, **83**,
　85, 88, 112, **124-126**, 186
人間全体反応（H）　**81-82**,
　85, 90, **91**, 137, **148-149**
人間体験反応（Hx）　82
人間反応（H）　→人間全体
　反応（H）参照
人間部分反応（Hd）　**81-82**,
　91, **92**, **149-150**
認知的媒介　**16**, 17, **108**
認知の正確度　99
濃淡ブレンド　58
野口正成　194
野田昌道　194

[は]

ハイラムダ　36, 39, **40**, 98,
　108, 117
爆発反応（Ex）　166
Ⅷ図　141
発達水準の系列　107
発達水準（DQ）　100, **105-
　107**
母親図版　141
反射反応　75-76, 112
反応数（R）　**28-31**, 40, 108,
　146
反応領域の系列　103
火反応（Fi）　165
ピオトロウスキー　50, 88,
　164, 195
ピグリオン　50, 196
貧質人間表象反応（PHR）
　93, 187
フィリップスとスミス
　145, 149, 150, 155, 159,
　160, 162, 163, 164, 165,
　166, 168, 193, 195
風景反応（Ls）　163
藤岡淳子　195
不調和結合（INCOM）
　121, 122, **123-124**
普通・詳細反応（FQ+）
　114
不適切な論理（ALOG）
　121, 122, **124**
ブラウン　150, 194
不良形態反応（X−）　**110**,
　115, 184
ブレンド（Blends）　**56-58**,
　71
ブレンドの複雑さ　57
ペア反応［(2)］　**77-78**, 97
平凡反応（P）　113, 140,
　146, 184
ベック　14, 39, 46, 47, 99,

　168, 194
ヘルツ　164, 195
偏倚言語（DV）　121, 122,
　123, 133
偏倚反応（DR）　121, 122,
　123
ポケットガイド　115

[ま]

マイナス空白反応（S−）
　111, 184
マイナス全体形態反応
　（FQx−）　**111**, 184
マイナスの形態水準
　（FQ−）　100-111
マイナス反応（−）　**84**,
　131, 132
マイナス反応の歪みの程
　度　112
丸山香　194
溝口純二　195
無形態反応（FQxnone）
　109-110
無彩色反応（C'）　**43-44**,
　110, 135, 185
無生物運動反応（m）　56,
　57, **65-66**, 69, 71, 83, 119
6つの重要な特殊スコア
　（Sum6）　121-123
メロイ　95, 195

[や]

要求水準　103
抑うつ指標（DEPI）　33,
　34, 99
Ⅳ図　139

[ら]

ラーナー　78, 85, 107, 129,
　195
ラムダ（L）　**39-41**, 62, 98,

108, 117, 183
力動　15, 127
リストカット　32
領域の比率 (W: D: Dd)
　100, 184
良形態反応 (X+)　114-115
両向型　38
良質人間表象反応 (GHR)
　93, 187
量的分析　3, 127, 128, 129
リンドナー　139, 145, 195
レベル1　121, 123
レベル2　121
ローズ　56, 80, 196
ローラムダ　**40**, 108, 117
ロールシャッハ　35, 36, 55, 143, 196
Ⅵ図　140
ロケーター　190

[わ]

ワイナー　15, 29, 35, 43, 45, 48, 50, 58, 66, 71, 76, 77, 81, 97, 129, 130, 135, 140, 141, 142, 148, 149, 150, 196

コード・略字索引

[A]

A 147, **152-159**
(A) 152
a 87-89, 118
AB **49**, 164
Ad 152
(Ad) 152
Adj D **59-61**, 68, 183
Adj es 63
Afr 48
AG **94-96**, 133, 137
AgC 95
AgPast 95
AgPot 95
ALOG 121, 122, **124**
Al 168
All H 90-91
An **79-80**, 110, **159-160**
An+Xy **79**, 159
a: p **89**, 118
Ar → Arch
Arch 168, **193**
Art **49-50**, 165
As 168
Ay 50, 165

[B]

Bl **160-161**, 165
Blends **56-58**, 71
Bt 162

[C]

C (Color) 51, **52-53**
C (Common) 113, 184
C' **43-44**, 110, 135, 185
c 44
CDI **33-35**, 87, 183
CF **51, 53**, 142
C'F 44
cF 44
Cg 167
Cl 163
Cn 54
Col-Shad Bl **57-58**, 72
CONTAM 121, 122, **124**
COP **94-96**, 133, 137, 187
CP 50

[D]

D (Detail) **101-102**, 109
D (D Score) 67-68, 70-71
Dd **100-102**, 103, 111, 146
DEPI 33, **34**, 99
Dh 168
DQ 100, **105-107**
DQo **106**, 107
DQ+ **106**, 107
DQv **106**, 107
DQv/+ 107
DR 121, 122, **123**
DV 121, 122, **123**, 133

[E]

EA 35, 36, **61-62**, 183
EB **35-39**, **62**, 98, 117, 183
eb **43**, **63-64**, 119, 183
EBPer 36, **41-42**, 118
EGI 76-78
es 61, **63**
Ex 166

[F]

F 112
FABCOM 106, 121, 122, **124**
FC **51, 53-54**, 142
FC: CF+C **51**, 185
FC' 44, 135
FD **78-79**, 112
Fd 89-90, 166
Fi 165
FK 46
FM **64-65, 85-86**, 97, 112, 119, 186
FQ 100, **110**
FQ+ 114
FQ− 100-111
FQx− **111**, 184
FQxnone 109-110
Fr **75-76**, 112
Fr+rF 75-76

[G]

Ge 163
GHR **93**, 187
GHR: PHR **93**, 187

[H]

H **81-82, 85**, 90, **91**, 137, **148-149**
(H) **81-82**, 91, **92**, 148, **151**
Hd **81-82**, 91, **92**, 149-150
(Hd) **81-82**, 91, **92**, 151
Hh 167
HVI **75**, 87, 98, 118
Hx 82

[I]

Id 168
INCOM 121, 122, **123-124**
Intel (Intellect) **48-49**, 121
Intellectualization →Intel
Isol (Isolation) **97**, 162

[L]

L **39-41**, 62, 98, 108, 117, 183
Ls 163

[M]

M 35, **83**, **85**, 88, 112, **124-126**, 186
m 56, 57, **65-66**, **69**, 71, 83, 119
Ma (M active) 120
Ma (Mask) 168
Ma: Mp **120**, 183
M− 125, 184
Mnone 126
Mo 125
MOR **80-81**, 83, 84, **85**, 119, **132-133**, 139, 183
Mp 121
M+ 125
Mu (Movement) 125
Mu (Music) 167

[N]

Na 163

[O]

OBS **73-74**, 98, 108, 118

[P]

P **113**, 140, 146, 184
p 87-89, 118

pair (2) **77-78**, 97
PER **96**, 133
PHR **93**, 187
PSV **105**, 184, 190
PTI 99

[R]

R **28-31**, 40, 108, 146
r 75-76
rF 75, 112
Rl 168

[S]

S **54-56**, 103, 105, 112, 146
Sc 166
S-CON **31-32**, 182
SCZI 99
SD 124
Shad Bl 58
SM 95
S− **111**, 184
St 168
Sum Color 52
SumC' → C'
SumC': WSumC **47**, 185
Sum Shad 43
Sum6 121-123
SumT → T
SumV → V
SumY → Y
Sx 147, **161**

[T]

T **44-46**, 69, 187
Tr 166

[V]

V **46**, 69, 78, 79, 110
Vo 168

[W]

W 98, **100-101**, 103, 138
War 168
WDA % 109
W: D: Dd **100**, 184
W: M 103-104
Wo 99
WSumC 47-48
WSum6 121-123

[X]

XA % 108-109
X−% **110**, 115, 184
X+ % 114-115
Xu % 115-116
Xy 79-80, 161

[Y]

Y **46-47**, 57, 69

[Z]

Zd 104-105
Zest 104
Zf 99
Zsum 104

著者略歴

高橋雅春（たかはし・まさはる）
1950 年　京都大学文学部哲学科心理学専攻卒業
現在　関西大学名誉教授
［主な著訳書］
「ロールシャッハ解釈法」1964 年，牧書店
「ロールシャッハ診断法Ⅰ・Ⅱ」（共著）1981 年，サイエンス社
「現代ロールシャッハ体系（上）」（監訳）　1991 年，金剛出版
「包括的システムによるロールシャッハ・テスト入門：基礎編」（共著）　1994 年，サイエンス社
「包括システムによるロールシャッハ解釈入門」（共著）　1998 年，金剛出版
「ロールシャッハ形態水準表―包括システムのわが国への適用」（共著）　2002 年，金剛出版
「ロールシャッハ・テスト実施法」（共著）2006 年，金剛出版，他

高橋依子（たかはし・よりこ）
1974 年　京都大学大学院文学研究科心理学専攻博士課程修了
現在　甲子園大学人文学部教授，大阪樟蔭女子大学心理学部教授
［主な著訳書］
「ロールシャッハ診断法Ⅰ・Ⅱ」（共著）1981 年，サイエンス社
「現代ロールシャッハ体系（上）」（監訳）　1991 年，金剛出版
「臨床心理学序説」（共著）　1993 年，ナカニシヤ出版
「包括システムによるロールシャッハ解釈入門」（共著）　1998 年，金剛出版
「ロールシャッハ形態水準表―包括システムのわが国への適用」（共著）　2002 年，金剛出版，
「ロールシャッハ・テスト実施法」（共著）2006 年，金剛出版，他

西尾博行（にしお・ひろゆき）
1974 年　関西大学社会学部卒業
1992 年　関西大学大学院社会学研究科社会心理学専攻臨床心理学専修博士課程修了
現在　文京学院大学人間学部教授
［主な著訳書］
「現代ロールシャッハ体系（上）」（共訳）　1991 年，金剛出版
「包括的システムによるロールシャッハ・テスト入門：基礎編」（共著）　1994 年，サイエンス社
「包括システムによるロールシャッハ解釈入門」（共著）　1998 年，金剛出版
「ロールシャッハ形態水準表―包括システムのわが国への適用」（共著）　2002 年，金剛出版
「ロールシャッハ・テスト　ワークブック（第 5 版）」（監訳）　2003 年，金剛出版
「ロールシャッハ・テスト実施法」（共著）2006 年，金剛出版，他

ロールシャッハ・テスト解釈法

2007 年 4 月 30 日　発行
2023 年 6 月 20 日　六刷

　　　　　　　　　　著　者　高橋　雅春／高橋　依子／西尾　博行
　　　　　　　　　　発行者　立石　正信
　　　　　　　　　　印刷・製本　デジタルパブリッシングサービス
　　　　　　　　　　発行所　株式会社　**金剛出版**
　　　　　　　　　　〒112-0005　東京都文京区水道 1-5-16
　　　　　　　　　　電話 03-3815-6661　振替 00120-6-34848

ISBN978-4-7724-0966-7 C3011　　Printed in Japan ©2007

ロールシャッハ・テストによるパーソナリティの理解

［著］＝高橋依子

A5判　上製　240頁　定価3,740円

ロールシャッハ・テストのデータから
対象者のパーソナリティを理解するための手順と注意点を，
具体的事例に即して懇切丁寧に解説。

ロールシャッハ・テスト 実施法

［著］＝高橋雅春　高橋依子　西尾博行

A5判　上製　250頁　定価3,740円

包括システムによる実施法，コード化，
構造一覧表の作成までを日本人の実例により解説。
正しく実施し適切にコード化するための
最良の指針。

ロールシャッハ・テスト
包括システムの基礎と解釈の原理

［著］＝ジョン・E・エクスナー
［監訳］＝中村紀子　野田昌道

B5判　上製　776頁　定価19,800円

テストの施行法や解釈，
さらに成立過程まで網羅した，
包括システムの原理が学べる
ロールシャッハ・テスト解釈書の決定版。

価格は10％税込です。